나는 커피를 마실 때

물류를 함께 마신다

나는 커피를 마실 때 물류를 함께 마신다

| 1판 1쇄 발행 2020년 9월 1일 | 지은이 이성우 |
| 1판 7쇄 발행 2023년 6월 30일 | |

펴낸곳 바다위의정원
출판등록 제2020-000161호
주소 서울특별시 마포구 잔다리로 48, 3층 3001호(서교동, 정원빌딩)
전화 02-720-0551
팩스 02-720-0552
이메일 oceanos2000@hanmail.net

ⓒ 이성우, 2020
ISBN 979-11-957336-7-5 03300

이 도서의 국립중앙도서관 출판예정도서목록(CIP)은 서지정보유통지원시스템 홈페이지(http://seoji.nl.go.kr)와 국가자료공동목록시스템(http://www.nl.go.kr/kolisnet)에서 이용하실 수 있습니다.(CIP제어번호: CIP2020032961)

나는 커피를 마실 때

이성우 지음

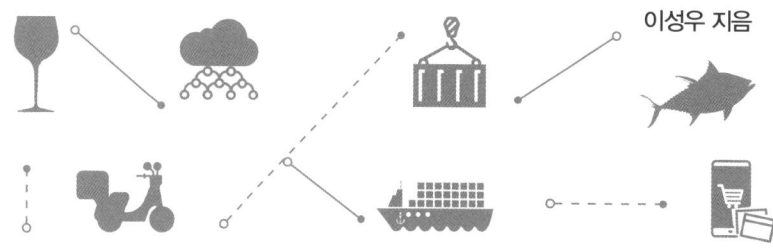

물류를 함께 마신다

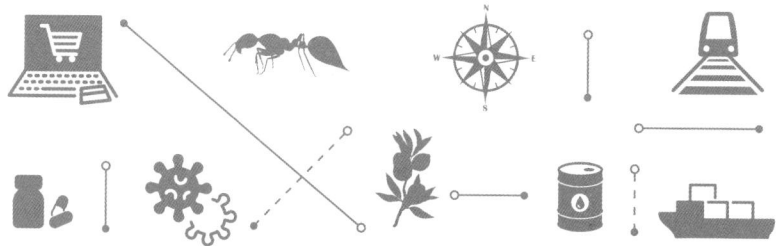

들어가며

과거 항만과 철도가 중심이었던 산업 중심의 기업형 물류가 어느 순간 디지털 혁명과 함께 택배라는 수단을 통해 집 앞까지 찾아온 지도 시간이 꽤 흘렀다. 최근 창궐하는 코로나19 감염병은 이러한 현상의 촉매제가 되어 얼마 전까지 마트로 향하던 소비자의 자가용 대신 물류 창고에서 소비자의 집으로 향하는 트럭 행렬로 큰 전환을 이루고 있다. 교통 수요가 물류 수요로 급변하는 계기가 된 것이다. 과거 B2B 위주의 산업 물류가 B2C, O2O 등으로 변화하며 우리 생활에 밀접하게 파고들고 있다.

국책연구원에 입사한 1990년대 후반, 물류에 대한 전문 지식이 없던 나는 엄청난 크기의 배와 컨테이너를 보면서 살짝 주눅이 들기도 했고, 그곳 종사자들의 구릿빛 얼굴에 위압감까지 느끼며 물류 세계에 입문했다. 지난 20여 년간 전국의 항만, 공항, 철도, 내륙물류기지, 물류센터를 돌아다니며 공부도 많이 했고, 국제 물류 사업을 한다고 전 세계 68개국을 다니면서 도시와 국경에 인접한 항만, 철도, 물류 기지를 들여다볼 수 있는 기회도 가졌다.

처음에는 거대한 물류 시설만 보였으나 점차 보이지 않던 상품들이 눈에 들어오기 시작했다. 바로 그 무렵 곡물·석유·석탄·목재 등을 따라 물류 공부를 하게 됐고, 점차 커피·와인·명태·참치·전자제품·자동차 등 우리 실생활에 가까운 상품의 물류 지식을 익히게 됐다. 현장에서 직접 발로 뛰면서 본 물류 세계는 너무나 재미있고 신기한 것투성이였다.

언제부턴가 이런 재미있는 물류 이야기를 여러 사람에게 들려주고 싶다는 생각이 들었는데, 10여 년 전 화물연대의 전국적 파업으로 국가의 물류가 막혔다는 기사가 온 언론을 도배할 무렵 우연히 본 마트 앞 가정주부들과의 인터뷰가 내가 이 글을 쓰게 된 결정적 역할을 했다. 기자가 지금 전국적으로 항만이 봉쇄되고 고속도로와 철도에 화물차가 다니지 않는데 걱정되지 않느냐고 물은 것이다. 그러자 그 가정주부들은 마트에 이렇게 물건이 많은데 그런 걱정을 왜 하느냐고 대답했다. 그런데 2~3일 뒤 TV 화면에는 사재기로 텅텅 빈 마트의 모습이 나왔고, 국민들은 그제야 '물류가 이렇게 중요한 것이로구나' 하고 느꼈을 것이다. 늘 연구를 위해 화물이 쌓인 곳이라면 찾아다니며 "이곳은 왜 이렇게 환경이 나빠요?" 하고 물으면 돌아오는 대답은 "화물은 말을 못해서요"였다. 즉 불평불만을 하지 않기 때문에 환경이 개선되지 않는다는 이야기였다. 이런 말을 들으면서 '이건 아닌데' 하고 여러 번 생각했다.

이제는 환경이 크게 바뀌었다. 물류에 대한 국민의 태도도 달라졌고, 4차산업 혁명이 물류를 우리 생활 깊숙이 다가오게 하고 있으며, 미세먼지나 코로나19, 지구온난화와 이로 인한 기후환경 변화 모두 물류에 대한 국민의 관심을 높이고 있다. 일부 전문가의 전유물이 아니라 국민 모두가 알아야 하는 물류가 된 상황에서 우리 가까이 늘 즐기거나 이용하고 있는 물류에 대한 이해를 돕고자 내가 보고 느끼고 고민한 여러 문제를 이 책을 통해 소개하고자 한다.

이 책은 2년 전부터 코리아쉬핑가제트의 《물류와 경영》에 연재한 〈생활 물류〉 칼럼 내용을 바탕으로 엮은 것이다. 우리가 쉽게 접촉하고 즐기는 대상과 환경을 시작으로 한반도, 유라시아 그리고 지구 전체의 물류와 관계되는 흥미로운 주제를 다루었다. 친숙한 상품의 특성과 연계된 물류, 우리 환경과 연결된 물류, 디지털 환경 속에서 변화하는 물류, 세계와 지역 차원의 물류 구조 변화 등을 모두 담으려고 노력했다. 아직 물류에 대한 지식이 부족한 사람은 물론이고 물류에 관심이 많은 사람에게도 필요한 지식이나 이에 얽힌 재미있는 이야기를 들을 수 있는 좋은 기회라고 생각한다.

기획과 편집 단계부터 객관적 입장에서 정확한 방향과 흥미로운 구성이 가능하도록 조언해주신 바다위의정원에게 감사의 말씀을 전한다. 그리고 우리가 인지 못하고 있는 시간과 공간 속에서 묵묵히 물류업에 종사하는 많은 공로자들과 물류와 관련해 많은 지혜와 조언을 해준 동료, 지인들에게 감사의 말씀을 드리고 싶다. 마지막으로 나의 물류로의 발걸음에 동행과 조언을 아끼지 않았던 고(故) 이수원 본부장님께 이 책을 바친다.

2020년 7월
이성우

차례

들어가며 • 4

1 우리 삶 속으로 파고든, 물류

- 013 우리는 와인을 마실 때 물류를 같이 마신다
- 019 오늘 마신 커피, 케냐산일까 미국산일까
- 025 아몬드는 되는데 커피는 안 된다고?
- 034 참치, 고양이 먹이에서 고급 횟감이 되다

2 생명과 엮인, 물류

- 047 붉은불개미의 습격
- 058 우리가 만든 부메랑, 미세먼지
- 068 의약품의 온도 유지, 생명과 직결되다

3 바다 고속도로를 가다

- 079 운하와 해협, 무역의 길목
- 090 매력과 불안이 넘치는 북극항로

4　세계가 변했다, 물류가 달라졌다

- 103　시장은 소비자가 원하는 방향으로 흐른다
- 112　정보 플랫폼의 성장, 소비자가 무엇을 원하는지 파악하라
- 122　블록체인, 물류를 혁신하다
- 133　성장하는 전자상거래, 변화하는 물류 체계
- 142　'박스'가 가져온 물류의 빛과 그림자
- 153　글로벌 에너지 패러다임을 읽어라
- 164　포스트 코로나를 대비하라

5　미래를 여는, 물류

- 173　맑고 깨끗한 항만도시로
- 183　한강, 물류의 중심으로 세우자
- 191　4차산업 기술로 꿈꾸는 한반도의 미래
- 202　남북한 물류를 통합할 철도
- 210　반복되는 역사 속, 한국 해운산업의 운명은?

주 • 226

우리는 와인을 마실 때 물류를 같이 마신다

오늘 마신 커피, 케냐산일까 미국산일까

아몬드는 되는데 커피는 안 된다고?

참치, 고양이 먹이에서 고급 횟감이 되다

우리 삶 속으로
파고든,
물류

우리는 와인을 마실 때
물류를 같이
마신다

요즘 화두 중 하나가 '혼밥', '혼술'이다. 1인 가구 증가, 개인주의 성향 확산 그리고 지나치리만치 편리함을 추구하는 시대 흐름의 결과인 듯하다. 얼마 전 고급 레스토랑에서 혼자 스테이크를 먹으며 근사하게 와인을 마시는 젊은이를 보았다. 혼밥과 혼술이 독특한 사회현상이 아니라 나도 해야 할 것 같은 유행으로 느껴졌다. 그런데 지나가는 유행이라 할 수도 있는 혼밥과 혼술이 와인의 용량, 종류까지도 바꾸고 있다. 흥미로운 이야기가 아닐 수 없다.

    과거 40~50대 중년층의 전유물처럼 여겨졌던 와인이 이제는 20~30대 혼술족의 선택을 받아 변화하고 있다. 우리가 일반적으로 마시던 와인은 750밀리리터 용량이다. 한 사람이 마시기에는 양이 많아서 개봉 후 보관하게 되는 일이 많은데, 그러면 향과 맛이 변질되기 쉽다. 그래서 한 잔을 마셔도 제대로 즐기고 싶어 하는 혼술족은 더 작은 용량의 와인을 원하게 됐고, 결국 178, 375밀리리터 용량의 소형 와인이 출시돼 유행하고 있다. 한편 온도에는 민감하지만 달콤하고 상큼한 화이트 와인 계열의 스파클링 와인 시장 역시 성장하고 있다. 혼밥 문화와 혼술족이 우리나라의 와인 시장을 변화시키고 있고, 일률적인 와인 용량과 맛이 다양해지면서 와인 속에 숨어 있는 물류가 조명을 받고 있다.

그렇다면 와인과 물류 사이에는 어떤 관계가 있을까? 와인의 이동과 그것이 와인 가격에 미치는 영향을 보면 쉽게 이해될 것이다. 와인이 생산국에서 소비국까지 이동하려면 대략 보험료를 포함해 40퍼센트의 물류비를 지불해야 한다. 산지에서 1만 원 하는 와인이 소비국에 오면 1만 4000원이 된다는 뜻이다. 왜 이렇게 많은 물류비가 발생하느냐 하면 와인처럼 저도수 주류는 온도에 민감하고, 병 상태로 운송되기에 충격에도 약하기 때문이다. 그래서 비싼 와인은 전력 공급을 통해 냉장 보관이 가능한 리퍼(Reefer) 컨테이너에 실리게 되고, '선박 하단 적재나 적도 통과 기피, 하절기 운반 금지' 등의 추가 사항을 물류 업체에 요구하게 된다.

당연히 물품 운송에 요구 조건이 많아지게 되면 물류비는 상승할 수밖에 없지만, 와인은 잘 관리돼 운송되니 신선도가 유지되고 충격 등으로 인한 손실률도 낮을 것이다. 이제 1만 4000원이 된 수입 와인은 소비국으로 들어오자마자 세금이 매겨진다. 우리나라는 세금을 부과할 때 종가제를 적용하므로 1만 4000원에 68퍼센트(관세 15퍼센트, 주세 30퍼센트, 교육세 주세의 10퍼센트, 부가세 10퍼센트 등)의 세금이 붙는다. 그러면 최초 수입상이 판매를 위해 산정한 와인 원가는 2만 5000원 정도가 된다. 여기에 국내 유통을 위한 물류비와 이윤 등에 따라 30퍼센트, 도매상 10퍼센트 그리고 소매상 역시 운송, 보관, 전시 등 물류 활동과 이윤을 위해 30퍼센트를 와인 가격에 추가 부가한다. 자연스럽게 산지에서 1만 원 하는 와인은 우리나라에서는 약 5만 원에 팔리게 되는 것이다.

주류에 적용되는 높은 세금과 복잡한 유통 구조가 와인 가격을 올리는 주요 이유지만, 물류비 역시 와인 가격을 높이는 주요인이다. 와인을 마시는 이유는 그 맛과 향을 음미하기 위해서다. 당연히 사람들은 산지의 맛을 그대로 느끼고 싶을 것이고, 따라서 원래의 맛을 완전히 전달하기 위해서는 와인의 품종과 용량에 따라 맞춤형 고급 물류 서비스가 필요할 수밖에 없는 것이다. 우리가 마시는 와인 가격에 포함된 물류비 비중은 30퍼센트 정도로 높다. 결국 '우리는 와인을 마실 때 물류를 같이 마신다'고 할 정도로 와인 유통에서 물류는 다른 상품에 비해 더 큰 비중을 차지한다.

어떤 상품을 잘 알면 더 좋은 물건을 더 싸게 살 수 있다. 와인 가격에 물류비가 차지하는 비중 그리고 와인 품질에 물류가 미치는 영향을 잘 안다면 반대로 물류 기술, 물류 방법 그리고 물류 관련 법제도를 개선할 경우 더 품질이 좋으면서도 저렴한 가격으로 와인을 마실 수 있다.

와인의 냉장 물류
서비스가 표기된 라벨

와인의 품종별 보관 온도
타르트(Tart): 브라이트 화이트 와인(Bright White Wine) 8~11℃
스파클링 와인(Sparkling Wine) 10~13℃
리치 화이트 와인(Rich White Wine) 14~17℃
라이트 레드 와인(Light Red Wine) 16~18℃
헤비 레드 와인(Heavy Red Wine) 17~20℃

최근 회자되는 4차산업 기술인 블록체인(Blockchain)이 와인 관리에 적용된다면 어떨까? 예를 들어 영국의 한 다이아몬드 관리 업체는 고가 다이아몬드의 유통 정보와 품질 관리를 위해 다이아몬드 내에 지문을 입력하고 블록체인 방식으로 유통의 전 과정을 관리한다. 이 기술은 와인에도 그대로 적용이 가능하다. 와인 병에 지문을 입력하고 블록체인 기술을 적용해 와인의 전체 유통 과정을 관리할 수 있는 것이다. 즉 와인의 위치, 온도, 충격, 유통 기간 등의 종합적 파악이 가능하다. 이렇게 되면 당연히 와인 본연의 맛을 그대로 살릴 수 있고 중간에 발생한 문제도 얼마든지 추적이 가능하다.

두 번째로 제도를 정비해 와인 가격의 상승을 막는 방법도 생각해볼 수 있다. 지금처럼 물류비를 포함한 가격에 세금을 징수하는 방식을 와인의 원 상품 가격에만 세금을 징수하는 방법과 주류 운송 시 다른 상품과 함께 운송하지 못하게 하는 법을 바꿔서 혼재가 허용된다면 와인 값에 영향을 미치는 물류비를 크게 줄일 수 있다. 물론 국가의 세금 징수 방식과 주류의 특수성 등을 고려해 운송 방법을 바꾸는 것은 신중을 기해야 한다.

마지막으로 물류비와 품질을 동시에 관리하는 방법도 있다. 이른바 부가가치 물류 활동이라고 하는데, 와인을 원산지에서 오크통 형태로 대량 구매하는 것이다. 그리고 소비지 인근에서 보틀링(bottling)과 라벨링(labeling)을 하여 유통한다. 이 경우 초기 원산지에서 소비지로 오는 물류비를 대폭 낮출 수 있을 뿐만 아니라, 오크통 형태로 와인이 운송돼 원래 맛을 유지하는 데 유리하다. 또 소비지 인근 물류 센터 등에서 보틀링과 라벨링 같은 부가가치 활동을 함으로써 지역의 신규 고용과 수익 창출도 가능하다. 최근 우리나라의 한 자산운용사가 영국 브리스틀항 주변의 와인 전용 물류 센터를 900억 원에 인수했는데, 이런 경우가 대표적인 예다. 호주에서 생산된 와인을 오크통 형태로 수입해 해당 물류 센터에서 보틀링과 라벨링을 하여 전 세계 140개국으로 수출하는 비즈니스 모델이다.

우리가 와인의 제 가격을 주고 본연의 맛을 그대로 느끼기 위해서는 와인에 숨어 있는 물류의 비밀을 제대로 알아야 한다.

오늘 마신 커피,
케냐산일까
미국산일까

추운 겨울이면 따뜻한 아메리카노 커피, 더운 여름이면 아이스 아메리카노, 이제 커피 음용은 우리나라의 독특한 식문화가 되어버렸다. 전 세계인이 하루에 14억¹ 잔을 마신다는 커피는 생각보다 오래전부터 음용됐다. 대한제국 말 고종이 커피를 즐겨 마셨다는 기록이 우리나라 커피의 시작점이라면, 본격적으로 대중이 커피를 접한 것은 한국전쟁 이후다. 미군이 주둔할 당시 그들의 기호식품이 우리의 생활에 파고들어 오늘에 이르렀다고 할 수 있다. 커피는 짙은 쓴맛, 가벼운 신맛으로 평가되는 미각과 풍부한 과일 향, 진한 아몬드 향으로 평가되는 후각 등 생산국과 품종에 따라 그 특징이 다르다. 또한 커피는 로스팅과 블렌딩 정도, 관리와 운송 기간에 따라 그 특성이 또 달라지면서 다양한 맛과 느낌으로 우리 국민의 소통 매개이자 연인 간 사랑의 연결 도구로 널리 음용되고 있다.

그런데 이 향기로운 커피가 어떻게 식탁, 회의실, 커피숍으로 와서 우리를 풍요롭게 해주는지 아는 사람은 별로 없다. 더구나 그 주인공이 물류라는 것을 아는 사람은 더더욱 없다. 가끔 커피 브랜드 가운데 지역 이름을 딴 것이 눈에 띈다. 자바, 자메이카, 케냐 등등. 그저 슬쩍 '그곳에서 온 커피인가?' 하고 넘기지만, 어떻게 그 먼 곳에서 내 앞에 와 있는지를 생각하면 갑자기 궁금증이 인다. 우리나라는 커피가 생산되지 않아 해외 산지에서 커피를 들여올 수밖에 없다. 그런데 커피 브랜드는 케냐인데, 원산지는 미국 혹은 일본이라고 적힌 라벨을 보면 '이게 뭐지?' 하는 의문이 생기기도 한다. 커피가 태어난 곳은 케냐인데, 어떻게 원산지가 미국이 될 수 있을까? 그 이면에는 커피가 물류를 통해 재탄생되는 이야기가 숨어 있다.

커피는 에티오피아에서 기원한 것으로 알려져 있다. 그 지역에서 수세기 동안 이용되다가 18세기 아랍 상인에 의해 상품화가 되고 19세기 서아시아와 유럽으로 퍼지면서 소수의 귀족을 위한 고급 기호식품으로 인식돼왔다.[2] 이때 마시던 커피는 아라비카종(*Coffea arabica*)으로, 지금도 고급 커피에 주로 사용되는 커피 품종이다. 이후 아프리카 열대우림 지역에서 발견된 로부스타종(*Coffea robusta*)이 유럽 제국주의 국가의 식민지 확보 열풍으로 아시아와 중남미로 옮겨져 재배되기 시작했다.

20세기 이후 소득 수준이 향상된 유럽과 미국의 중산층을 중심으로 커피는 빠르게 퍼져 나가기 시작했다. 커피 수요 증가는 커피를 생산하는 기법의 발전을 가져왔다. 커피의 파운드당 생산 원가가 120센트였던 1980년대에 비해 2000년 초반에는 파운드당 40퍼센트대까지 떨어지면서 대

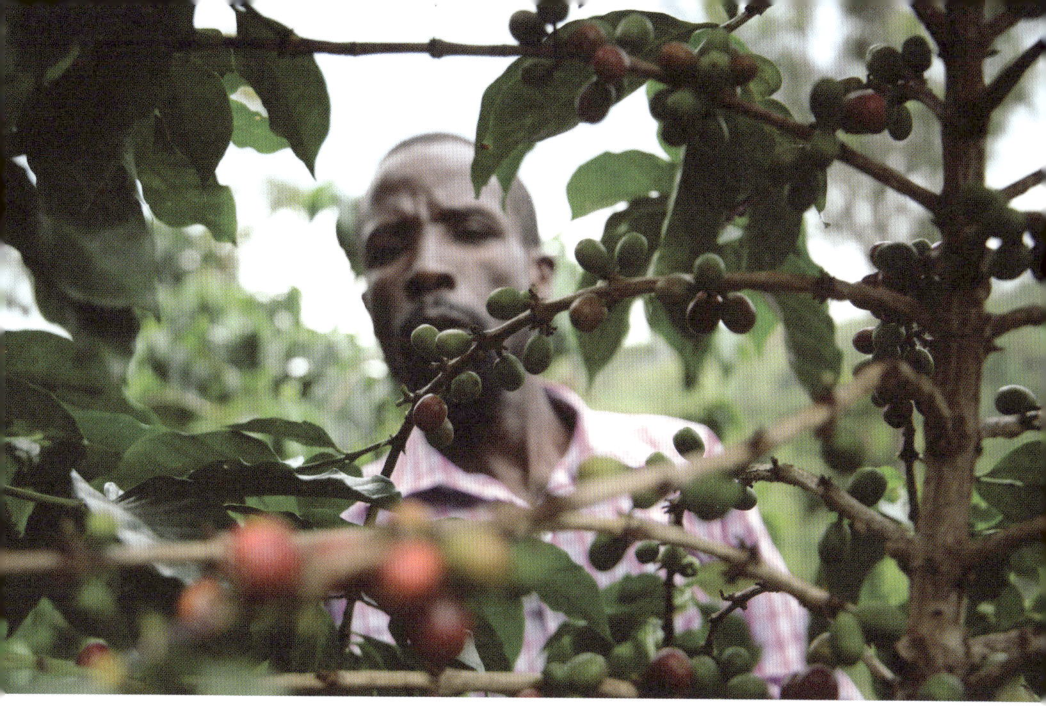

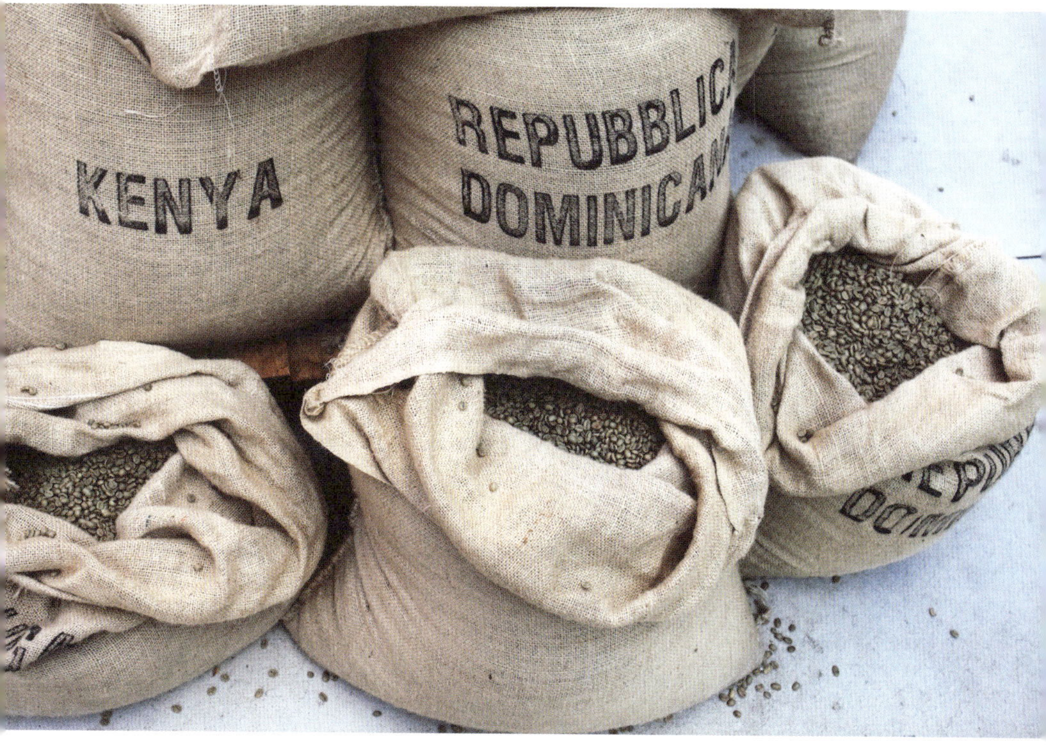
KENYA
REPUBBLICA
DOMINICANA

커피 라벨

중의 기호식품으로 더욱 확대될 수 있는 기회가 됐다.³ 생산량이 늘어나고 가격이 떨어지면서 소비자가 늘자 다시 수요가 확대되고 이로 인해 다시 생산이 촉진되는 순환 속에서 커피 시장은 계속 성장해왔다. 특히 커피가 빠르게 보급되고 대중에게 인기를 끌 수 있었던 배경에는 물류의 역할이 컸다.

커피콩은 11~14퍼센트의 수분 함량을 유지할 경우 휴면 상태가 되어 그 특유의 성분과 품질을 유지할 수 있다.⁴ 수분 함량이 그 이상이면 커피는 휴면 상태에서 호흡 상태로 바뀌게 되어 효소 활동이 일어나고 점차 상품의 질이 떨어진다. 커피에는 '3의 법칙'이 있다. 잘 건조된 생두는 3년, 로스팅된 원두는 3개월 그리고 분쇄된 원두 가루는 3일 이내에 소비해야 원래의 맛이 손상되지 않는다는 것이다.

즉 커피의 품질을 좌우하는 핵심 요소는 바로 '물류'라고 할 수 있다. 에드워드 흄스(Edward Humes)는 최근 베스트셀러가 된 그의 책 《배송 추적(Door to Door)》에서 '커피 한 잔은 9만 킬로미터를 달려온 원두들의 융합 상품'이라고 했다. 커피는 맛과 향기를 높이기 위해 강·중·약으로 로스팅되어 블렌딩을 통해 브라질, 자메이카, 케냐 그리고 베트남 커피 등이 비율별로 섞여 그 품질을 유지하게 된다. 커피 한 잔에 전 세계에서 온 원두가 각각 품질을 유지하면서 이동하는 거리가 9만 킬로미터 내외라는 것이다. 이 엄청난 과정을 물류가 담당하고 있다. 감미로운 커피 한 잔이 물류 담당자의 엄청난 노력에 의해 만들어진 산물인 셈이다. 우리가 분위기 있게 즐기는 이 환상적 음료의 숨은 조연은 땀 흘리며 일하는 커피 농장 노동자와 그 품질을 그대로 유지하면서 몇만 킬로미터를 이동하게 해주는 물류 종사자임을 알아야 한다.

아몬드는 되는데
커피는
안 된다고?

얼마 전 재미있는 기사 한 편을 읽었다. 요즘 우리나라를 찾는 외국인이 가장 많이 사가는 상품 중 하나가 인삼도, 김치도 아닌 아몬드 가공품이라는 것이다. 우리나라에서 재배되지도 않는 아몬드가 외국에 잘 팔리는 상품이라니 처음에는 이해가 되지 않았다. 그러나 기사를 읽으며 아몬드의 물류, 유통, 가공 단계 등 전체의 공급사슬 체계를 따라가다 보니 왜 이런 결과가 나왔는지 알게 됐다.

    미국과의 FTA 체결로 아몬드의 경우 무관세로 최근 우리나라에 상당량 수입이 되고 있다. 수입된 아몬드는 저장 후 보관되다가 필요에 따라 로스팅과 함께 다양한 가공 처리 과정을 거쳐 소비자의 입맛에 맞는 건강식품이나 기호식품이 되어 각종 매장에서 판매가 된다. 그런데 특이하게도 우리나라 소비자의 까다로운 입맛과 수요자 맞춤형 기술이 접목돼 허

니버터, 와사비, 인절미, 티라미수 등 다양한 맛의 아몬드 상품이 나오게 됐고, 이 맛을 본 외국인, 특히 중국·홍콩·일본 사람이 대량으로 아몬드 가공품을 사거나 수입하면서 기사화가 된 것이다.

말하자면 우리나라가 미국, 호주 등지에서 원재료인 아몬드를 수입해 가공해서 다시 수출하는 가공 수출국이 된 것이다. 원재료인 아몬드는 2019년 11월 기준 킬로그램당 9000원 선에 수입된다. 그런데 가공된 후에는 상품의 형태와 회사별로 차이가 나지만 보통 1만 3000원에서 1만 5000원 정도에 판매된다.[5] 부가가치가 20~40퍼센트 이상 발생한 것이다.

아몬드의 유통량이 많아진 것은 사람들의 선호도가 변화한 이유도 있겠지만, 생산량 증가와 물류 기술 발전 그리고 FTA 확대 등을 통한 유통과 물류 단계의 비용 인하 효과가 중요한 역할을 했다고 볼 수 있다. 이런 맥락에서 볼 때 비슷한 농산물이 있다. 바로 아몬드처럼 생산지, 가공지, 소비지가 분리된 커피다. 우리나라와 중국 등에서 수요가 급증하는 커피 역시 같은 형태인 유통과 물류 기술의 발달로 산업이 크게 성장하고 있다. 물류와 유통 기술의 발전은 커피의 이동 역시 쉽게 만들었다. 저렴해진 커피를 세계 곳곳의 소비자가 마시면서 그 수요가 폭발적으로 증가했고, 이와 함께 커피 생산 기법도 발전하게 된 것이다. 2000년 초반에는 커피 가격이 1980년대에 비해 파운드당 3분의 1로 떨어지면서 일반인도 쉽게 즐길 수 있는 기호식품으로 공고히 자리를 잡게 됐다.[6]

아몬드는 전 세계 시장 수출입 규모가 2018년 기준 128억 9300만 달러로 2014년 이후 연평균 0.36퍼센트씩 성장하고 있으며, 동북아시아 시장 역시 성장하고 있다. 커피는 전 세계 시장 수출입 규모가 동기간 624억 1000만 달러로 약 0.27퍼센트 감소했으나, 동북아시아에서는 일본의 감소에도 우리나라와 중국의 증가로 성장세를 유지하고 있다(표 1). 특히 커피는 아몬드에 비해 다섯 배 이상의 세계 유통 규모를 가지고 있고 동북아시아의 유통 규모는 아몬드의 20배 이상이 될 만큼 중요한 상품이다. 그러나 유통 규모와 가치 면에서 월등히 큰 커피는 최근 우리나라에서 가공돼 일부 수출이 되고 있으나 법 규제로 아몬드에 비해 부가가치 창출에서는 큰 성과를 보지 못하고 있다.

2010년 이후 아몬드와 커피의 수출입 통계를 살펴보면 커피 수출 이외의 모든 항목이 두 자릿수 성장을 유지하고 있다. 특히 최근 수출량은 미미하지만 아몬드의 수출이 동기간 81퍼센트 증가한 반면 커피 수출은 동기간 25퍼센트 감소해 확연히 차이가 난다. 아몬드의 수출 증가세는 아직 수출 금액이 미미해 그 증가세가 높다고 해도 통계적으로 큰 의미가 없을 수 있지만, 지속적인 성장세는 분명해 보인다. 하지만 커피의 경우 수입 금액은 급증하는 반면 수출은 오히려 감소하는 상황이다(표 2). 현재 커피는 세계인이 하루에 14억 잔을 마시는 엄청난 상품이며, 지속적인 성장을 하고 있다. 그런데 우리나라에서 커피 수출 금액이 줄어드는 이유는 무엇일까? 우리나라에서는 아몬드보다 훨씬 교역 규모가 큰 커피가 수출 상품으로서 크게 기여를 하지 못하는 이유가 무엇인지 궁금하다.

커피는 교통 물류 혁명과 농업 기술 발전으로 생산량이 크게 늘어났고 가격도 떨어졌으며 낮아진 가격으로 인해 소비층이 폭발적으로 늘어

표 1 세계의 아몬드와 커피 무역 규모 (2014~2018년)

구분	지역	2014	2015	2016	2017	2018	연평균 증가율 (%)
아몬드	글로벌	12,712	14,606	12,639	12,254	12,894	0.36
아몬드	동북아시아 (한·중·일)	513	624	481	492	624	5.03
커피	글로벌	63,095	61,634	60,470	65,045	62,410	-0.27
커피	동북아시아 (한·중·일)	12,201	12,561	12,687	12,936	12,615	0.84

단위: 100만 달러(USD)
주: HS CODE 0802. 11+0802. 12(아몬드) 수출입 규모(2014-2018); 0901 (커피) 수출입 규모(2014-2018)
출처: www.trademap.org, k-Stat 자료를 바탕으로 재작성함 (검색일 2019년 10월 21일)

표 2 한국의 아몬드와 커피 수출입 규모 (2010~2018년)

구분		2010	2011	2012	2013	2014	2015	2016	2017	2018	연평균 증가율(%)
아몬드	합계	67	85	129	161	210	236	176	172	165	25
아몬드	수입	67	85	129	161	210	235	175	172	164	25
아몬드	수출	0.1	0.6	0.1	0.2	0.2	0.9	2.1	0.6	0.5	81
커피	합계	387	649	491	424	532	551	566	659	642	14
커피	수입	372	619	477	415	527	547	563	655	637	14
커피	수출	15	31	13	8	5	4	3	4	5	-25

단위: 100만 달러(USD)
출처: www.trademap.org, k-Stat 자료를 바탕으로 재작성함 (검색일 2019년 10월 21일)

나고 그에 따라 다시 수요가 올라가면서 생산을 촉진하게 되는 선순환을 이루며 시장 자체가 지속적으로 성장해왔다. 특히 커피는 원재료, 가공 방식 등에 따라 상품화되는 데 가격의 편차가 매우 큰 상품이다. 따라서 항만, 공항 배후의 자유무역지역(Free Trade Zone)[7] 같은 곳에서 고급 원료를 수입해 고급 인력이 첨단 기술을 접목한 다음 판매할 경우 부가가치가 기하급수적으로 늘어난다. 유명한 글로벌 커피 브랜드 기업이자 유통 물류 기업인 스타벅스는 전 세계에서 네 개의 공장만 운영하는데, 미국 세 곳(시애틀 등), 유럽 한 곳(암스테르담항 배후)에서 전 세계의 생두를 수입해 가공한 후 다시 전 세계로 수출한다. 이러한 글로벌 공급망으로 인해 1년 물류비가 1조 원에 육박한다.[8]

커피는 수입 후 가공해 수출하는 전형적인 고부가가치 상품이다. 그런데 가공무역의 국가 경제를 가진 우리나라에서, 그것도 가공무역을 촉진하기 위해 지정된 자유무역지역에서 가공 후 수출할 수 없는 상품이라면 많은 사람이 놀랄 것이다. 아마도 이러한 이유가 지금 통계상으로 우리나라 커피의 수출액이 낮고 또한 감소하는 현상의 일정 요인으로 작용할 것이다.

우리나라 공항만(공항과 항만) 배후의 자유무역지역만 화물이 들어오고 나갈 때 관세법에 따라 손모율을 적용받는다. 손모율이란 화물이 들어온 후 다시 수출되거나 국내로 반입될 때 밀수, 탈세 등을 방지하기 위해 동일한 중량이 유지돼야 한다는 규정에 따라 상품이 들어올 때와 나갈 때의 중량 차이를 나타내는 비율이다. 쉽게 말해서 수출품을 생산하는 과정에서 발생하는 원재료의 손실량을 백분율로 나타낸 값이다. 예를 들어 커피 생두를 수입해 보관했다가 원두로 가공해서 나갈 경우 일반적으로 6개월에서 1년 동안 보관하면 1~2퍼센트의 중량이 감소하고, 로스팅을 하면 12~14퍼센트 정도 감소한다. 즉 자유무역지역에서 수입할 때 100킬로그램이었던 커피가 1년간 보관됐다가 가공돼 나갈 때는 80킬로그램밖에 안 되는 것이다. 결국 우리나라 자유무역지역에 입주한 기업이 이러한 사업을 한다면 매번 커피 손실분 20퍼센트에 대한 세금을 내야 하는 것이다.

하지만 관세 당국은 상품별로 표준화된 손모율 기준을 만드는 시간과 비용 그리고 인력 부족 등으로 해당 제도의 개선을 아직 하지 못하고 있다. 또한 농림축산식품부는 우리나라 녹차 농가의 피해를 언급하면서 커피 가공에 대해 부정적 의견을 내놓고 있다. 결국 이런 상황으로 인해 고부가가치와 고급 일자리 창출이 가능한 커피가공업이 크게 성장하지 못하는 것이다.

최근 산업통상자원부가 우리나라 자유무역지역 입주 업종에 없었던 커피콩 가공 업체 등을 허용하는 개정법안을 의원입법으로 상정했으나 국회에서 임기 내 처리가 되지 못하고 폐기되었다. 공항만 배후의 자유무역지역에서 다양한 가공무역업이 활성화될 수 있도록 하는 좀 더 적극적인 조치가 필요하다. 이제 관세 당국에서도 우리나라의 저성장 경제 기조와 고용 대란을 전환하려는 노력의 일환으로 공항만과 산업단지형 자유무역지역에 입주가 가능한 다양한 가공 활동에 맞는 표준 손모율 등을 도입해 좀 더 적극적인 부가가치 가공무역 활동이 가능하도록 지원할 때라고 생각된다.

한편 커피 관련 공기업과 민간 기업은 생두를 수입한 후 로스팅과 포장을 거쳐 전 세계 소비자에게 수출할 수 있는 비즈니스 모델 개발에도 노력을 기울여야 한다. 특히 지리적으로 근접한 중국, 일본, 동남아시아 국가의 경우 커피의 신선도, 맛 유지 면에서 경쟁력을 가질 수 있을 것으로 예상된다. 예를 들어 세계 시장을 대상으로 커피를 가공하여 판매한다는 차원에서 커피 가공 비즈니스 모델이 가능할 것이다. 해당 커피 가공 비즈니스 모델을 구현하기 위해서는 우선 다양한 국가에서 양질의 원두를 수입해야 한다. 그다음 무역거점과 연계하여 간편한 수출입 절차를 통해 가공무역을 활성화하고자 만들어진 공항만 배후의 자유무역지역에 로스팅 시설과 신선도 유지를 위한 스마트 냉장·냉동 창고를 갖추고, 이와 관련된 기술을 보유한 숙련공을 모집해야 한다. 커피 완제품을 세계 소비자와 유통 기업에 판매할 때 발생하는 수익이 주요 수익원이 될 것이고, 그 밖에 로스팅·브랜딩·포장·라벨링·보관·전시·도소매 등을 통해 발생하는 부가가치도 기대할 수 있다. 고객의 브랜드 로열티, 러브마크[9] 유지, 장기적 시장 점유율 확보를 위해서는 맛의 다양화, 브랜드화, 신선도 유지 등이 중요하다.

이제 정부는 상품은 상품, 물류는 물류로 구분하지 말고, 상품별로 물류와 결합될 때 부가가치가 창출된다는 효과를 제대로 이해하여 법제도 등에 반영해 나간다면 그 속에 숨어 있는 수익과 새로운 일자리를 찾을 수 있을 것이다. 커피와 유사한 대량의 유통이 이루어지고 부가가치가 높은 상품군을 발굴해 상품별로 글로벌 유통 물류 가공 과정을 세밀히 분석한다면 공항만 배후의 자유무역지역을 활용해 부가가치와 고용을 창출할 수 있는 많은 기회를 찾을 수 있을 것이다.

최근 자유무역지역 지정의 유효성에 대한 부정적 언급이 많이 나오고 있다. 그런데 자유무역지역의 특성을 잘 활용할 수 있는 중계·가공형 상품이 있는데도 시장조사 미흡, 법제도 부족, 글로벌 유통 물류 체계 이해 부족, 거버넌스 체계 미흡 등으로 인해 큰 이익을 놓치는 일이 있다. 아몬드는 되고 커피는 안 되는 것이 아니다. 관세를 포탈하지 않고 국내 농축수산업계에 해가 가지 않는 범위 내에서 전략 상품군을 찾아 부가가치 가공 물류산업이 활성화될 수 있도록 자유무역지역법, 관세법 등 관련 법제도 개선과 관련 정부기관의 협력 체계 구축이 필요한 상황이다.

참치,
　고양이 먹이에서
고급 횟감이 되다

상품 물류는 생명체처럼 탄생, 성장 후 그리고 소멸한다. 우리 식생활에 밀접한 수산물, 특히 더운 날 시원한 맥주 한잔과 같이 먹으면 좋은 참치 역시 이러한 탄생, 성장 그리고 변화의 물류를 가진다. 참치는 미국, 유럽 그리고 일본에서 무게 기준으로 볼 때 최고가의 식자재다. 그러나 믿기지 않게도 1970년대 이전만 해도 일본을 제외한 지역에서 참치는 사진 촬영을 위한 낚시꾼의 호기 어린 장난의 대상이었을 뿐, 사진 촬영 이후 고양이 사료로 쓰이거나 쓰레기로 버려졌다. 일본 역시 1950년대 이전에는 너무 기름져서 참치는 선호하는 식재료가 아니었다.

　참치의 부상은 초밥과 관계있다. 초밥의 기원은 동남아시아다. 먹기 위한 밥이 아니라 생선을 오래 보관하기 위해 쌀밥의 당분을 이용한 데서 유래한다. 지금도 베트남, 캄보디아, 라오스에서는 이와 유사한 음식을 먹고 있으며, 우리나라의 가자미식해나 명태식해도 비슷한 원리로 만든다. 더운 지방에서 생선을 오래 보관하기 위해 쌀밥을 넣어 삭히는 개념으로 초밥이 시작된 것이다. 쌀밥의 당분과 생선의 아미노산이 결합하면 장기간 보관할 수 있고 맛이 좋아지는 효과를 우리 선조들은 알고 있었다.

그러다가 근대 이후 초밥은 일본에서 서민층도 저렴하게 빨리 먹을 수 있는 간편식으로 진화했다. 이 무렵 일본의 경제발전이 이어지면서 일본인의 입맛도 달라졌다. 과거에는 담백한 생선을 좋아하다가 점차 기름진 생선을 찾게 됐고, 참치가 이들의 입맛에 맞아떨어지면서 참치와 초밥의 만남이 이루어진 셈이다. 대략 1960년대 이후 일본의 참치 수요가 급증하기 시작했다. 하지만 물류와 냉동 기술의 한계로 참치 초밥은 제한된 계층만 즐길 수 있는 음식으로 고급화의 길을 걷게 됐다.

결국 고급화된 참치는 시장, 유통 그리고 물류에 변화를 촉진하는 힘이 됐다. 1950년대 이후 컨테이너와 같은 운송 혁명이 일어나고 영하 50도까지 매우 빠르게 냉동할 수 있는 급속 냉동 기술의 발전으로 참치의 글로벌 유통의 길이 열리게 됐다. 컨테이너의 등장으로 신속·안전·저비용 수송이 가능해졌고, 급속 냉동 기술은 수산물과 같은 온도에 민감한 화물의 장기 보관과 운송을 가능하게 했다. 이와 함께 어선도 발달해 급속 냉동 시스템이 장착되고 장거리 운항이 가능한 트롤선(trawler)이 등장했다. 이로써 원양에서도 장시간 어획이 가능해졌다.

1970년대에 일본은 전자, 기계 제품을 생산해 미국으로 수출하면서 경제성장을 이루었다. 이 중 고가나 긴급 배송이 필요한 상품은 항공기에 실려 수출됐는데, 돌아올 때 실어올 화물이 없어서 엄청난 물류비를 부담할 수밖에 없었다. 결국 화주 기업은 물류 기업인 항공사에 운임 인하를 요구하게 됐고, 일본의 항공사는 미국에서 자국으로 수입이 가능한 상품을 찾기 위해 미국과 캐나다 시장을 더 열심히 뒤지기 시작했다. 일본 항공사 직원이 몇 달을 돌아다니다가 캐나다 북동부 해안에서 참치낚시를 하는 한 무리의 사람들을 만나게 됐고, 이후 참치 물류의 새로운 역사가 시작됐다. 이 지역 사람들은 낚시의 손맛과 잡고 난 이후 거대한 몸집을 과시하기 위한 레크리에이션 정도로만 참치를 인지하고 있었다. 그렇게 잡은 참치는 사진 촬영 이후 일반적으로 포클레인을 이용해 땅을 파고 묻었다. 일부 어민은 대구를 잡기 위해 그물에 섞여 잡힌 참치를 바로 바다에 버리거나 고양이 사료 공장에 넘겼는데, 이것이 유일하게 참치를 이용하는 방식이었다.

일본 항공사 직원은 이런 상황에 충격을 받았지만, 곧바로 새로운 가능성을 인지하고 본사에 보고했다. 이후 참치 수입을 위한 작업에 돌입하게 됐다. 그러나 애당초 참치의 생산, 유통 그리고 수출에 대한 개념이 없었던 북미 지역이다 보니 우선 그들의 인식을 변화시키고 생산, 보관 및 유통망을 만들어내는 데 많은 시간과 비용이 들었다. 이러한 문제를 해결하고 나서 마지막에 당면한 사항은 참치를 항공기로 실어서 태평양을 건너는 것이었다. 당시 저온 기술은 영하 50도까지 급속 냉동은 가능했으나 참치처럼 큰 생선의 몸속까지 냉동하는 것에는 한계가 있었으며, 참치 내장 등의 손질을 통한 포장 운송의 최적화 기술 역시 미흡했다. 결국 몇 번의 시행착오를 거치면서 대서양산 참치가 일본 도쿄의 최대 수산물 시장

참치를 운반할 수 있는 울트라 프리저. ⓒHMM 대외협력실

인 쓰키지(築地) 시장에 판매되기 시작했고, 지금까지 이러한 글로벌 참치 물류 체계는 작동 중에 있다.[10]

2000년대 이후 참치 물류는 또 다른 변화에 직면했다. 고가의 참치가 대중화의 길을 걷기 위해 좀 더 저렴한 물류 수단을 찾기 시작한 것이다. 그리하여 항공운송을 해상운송으로 바꾸기 시작했다. 컨테이너의 보편화, 냉동·냉장 컨테이너의 발전 그리고 선박의 대형화·고속화로 저렴하고 신속하며 안전하게 참치를 해상으로 공급할 수 있게 된 것이다. 참치의 생산·유통 지역과 소비 지역이 확대된 것도 해상운송을 촉진했다. 과거에는 주로 일본이 생산·집적·유통을 주도했으나 우리나라가 그 기능을 병행하게 됐고, 주요 소비지도 일본에서 유럽과 미국으로 확대되면서 참치는 명실상부한 글로벌 고급 식자재로 자리매김하고 있다.

울트라 프리저(Ultra Freezer)[11] 혹은 슈퍼 프리저(Super Freezer)라고 불리는 냉동·냉장 컨테이너는 선박을 통해 참치 혹은 온도 민감 화물을 전 세계로 보내는 데 큰 역할을 한다. 비싼 항공운송 대신 장시간 이동에도 수산물의 질을 그대로 유지해줄 수 있는 해상운송이 가능해진 것이다. 냉동·냉장 컨테이너는 크게 세 가지 유형으로 나눌 수 있다. 일반 리퍼(General Reefer, -30~+30℃, 냉장·냉동 컨테이너), 매그넘 플러스(Magnum Plus, -40~+30℃) 그리고 울트라 프리저(Ultra Freezer, -60~-10℃, 초저온 컨테이너 종류)다.[12] 횟감용 고급 참치는 대부분 울트라 프리저를 통해 글로벌 물류가 진행된다.

울트라 프리저(슈퍼 프리저)를 이용한 물류 서비스는 일반 냉동 컨테이너의 한계인 영하 35~40도를 넘어 영하 60도의 초저온으로 화물을 운송하는 서비스다. 화물의 이동·선적과 양하·적하 과정에서 초저온 상태를 유지하기 위한 높은 수준의 기술력과 숙련된 전문 인력이 필요하다. 그래서 운임이 일반 냉동·냉장 컨테이너 대비 4~8배까지 높다. 해당 서비스를 제공하는 선사는 세계 1위 선사인 머스크와 3위인 CMA-CGM뿐이었으나, 최근 현대상선(HMM으로 사명 변경)이 참여하기 시작했다. 울트라 프리저 서비스를 이용하면 기존에 주로 항공운송을 하던 횟감용 고급 냉동 참치, 성게 그리고 기타 고급 수산물 등 고가의 화물을 해상으로 저렴하게 운송할 수 있어 우수한 품질 관리와 함께 비용 절감이 가능해 시장 확대 등의 부수적 효과도 기대할 수 있다.

우리나라에서 가공된 참치의 80퍼센트는 수출용이고 내수용은 20퍼센트 정도다. 참치는 주로 일본과 유럽 그리고 중국으로 수출되며, 참치의 최대 소비지는 일본이다. 한국발 유럽향 참치 물동량은 연간 160~170TEU(20피트 길이의 컨테이너 한 개를 지칭하는 단위), 일본향은 180~190TEU 수준이다. 특히 일본 시미즈와 요코하마로 가는 참치 물동량이 가장 많다. 수출되는 참치는 횟감용과 통조림용으로 구분된다. 통조림용 참치는 일반 냉동 컨테이너로, 횟감용 참치는 울트라 프리저 컨테이너로 수출된다. 횟감용은 온도가 조금이라도 떨어지면 품질이 완전히 저하되기 때문이다. 중국에서는 날것에 대한 거부감 때문에 수요가 그리 많지 않고 주로 호텔 접대용으로 소비되는 경우가 대부분이다. 미국으로 가는 참치 물량은 1년에 10~20TEU 정도에 그칠 정도로 수요가 적다. 반면 유럽으로 가는 참치는 많으며 전체 물량의 50퍼센트 정도가 냉동 물류의 허브가 있는 프랑스 르아브르로 가고, 나머지는 네덜란드 로테르담과 지중해 지역으로 간다. 유럽으로 가는 참치 물량은 사업 초창기 대비 두 배 수준으로 증가했다. 기존의 인스턴트식품 등 건강에 좋지 않은 음식보다 건강한 음식에 대한 관심과 선호도가 증가하면서 자연스레 횟감용 참치 수요도 함께 증가한 것이다.

우리나라에서 주로 참치를 취급하는 업체는 동원, 사조, 신라교역 등이며, 이를 운송하는 기업은 한진해운이 파산하기 전까지 머스크(덴마크), CMA-CGM(프랑스), 한진해운 세 업체가 한국발 울트라 프리저 시장을 장악하고 있었다. 한진해운 파산과 머스크가 한국발 비즈니스에서 손을 뗀 뒤 CMA-CGM이 거의 장악하고 있다가 최근 후발 주자로 현대상선이 울트라 프리저 시장에 진입했다. 원양어선이 남태평양과 인도양에서 참치를 잡은 뒤 감천항으로 가져와 가공하고 냉동 컨테이너를 이용해 일본과 유럽 등으로 수출하는 과정을 거친다. 참치의 등급에 따라 어떤 컨테이너로 수출할지가 결정된다. 일본에서는 인건비 문제로 가공 작업을 하지 않는다. 머스크의 경우도 다른 경쟁사와 유사하며 인도양에서 잡은 참치를 세이셸 빅토리아 항에서 컨테이너로 옮긴 후 우리나라 감천에서 가공 작업을 한 뒤 수출한다.

울트라 프리저 컨테이너의 화물 운임은 톤당 약 700~750달러이며, 컨테이너 하나에 대략 20~25톤을 적재하기에 컨테이너 대당 약 1만 4000~1만 5000달러의 가치가 있다. 반면 일반 냉동 컨테이너는 대당 약 1400~1500달러다. 즉 울트라 프리저 컨테이너가 일반 냉동 컨테이너 대

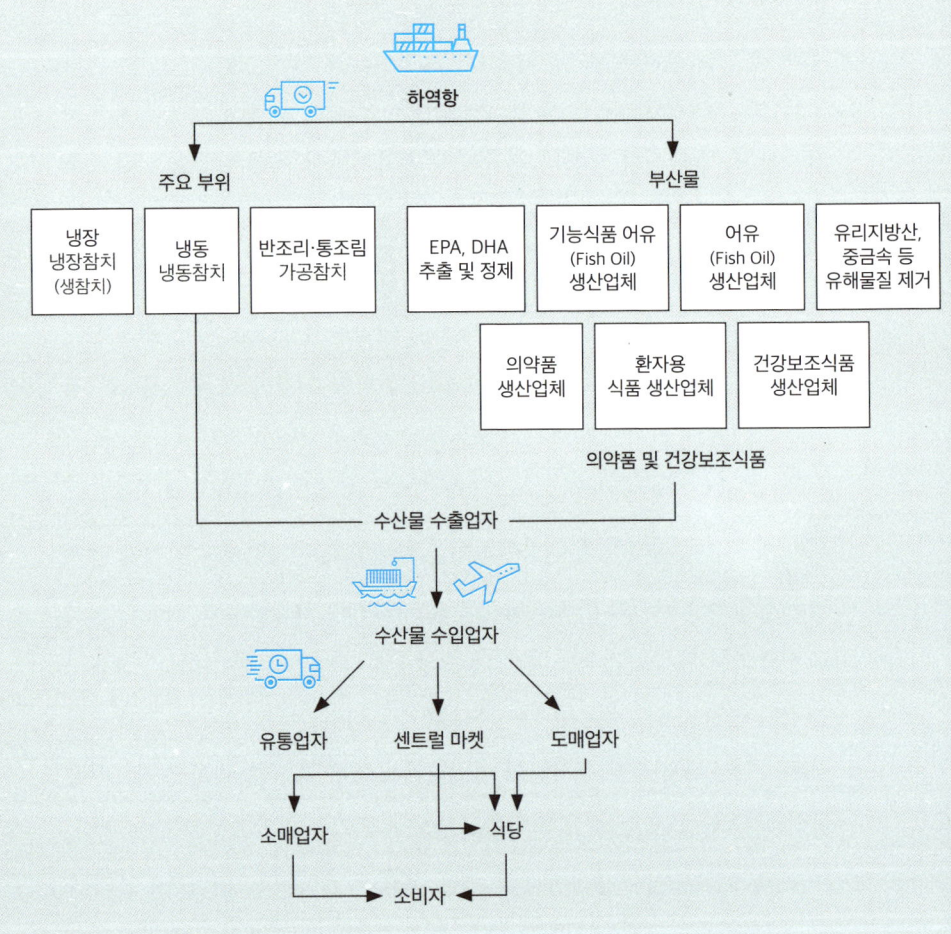

참치 유통·물류 과정

비 10배 수준의 부가가치를 창출한다. 한 컨테이너에 적재된 화물의 가치만 3억~4억 원 대에 육박한다. 울트라 프리저 컨테이너는 선사 입장에서 운송 수입이 매우 좋다. 컨테이너 제작비가 대략 5만 달러인데, 유럽으로 한 번 가는 데 1만 3000~1만 5000달러(톤당 700달러)의 운임을 받는다. 일본으로 가는 구간의 운임은 3500달러 정도지만 컨테이너 반송 시간이 짧아 수익률이 높다. 그러나 울트라 프리저 컨테이너 시장은 규모가 크지 않아 자칫 공급 과잉으로 인한 과당 경쟁이 발생할 우려가 있어 선사들이 진입을 주저하는 경향이 있다. 즉 울트라 프리저 사업은 수익은 높은 반면 리스크도 매우 높아 진입 장벽이 꽤 높은 편이다.

이제 참치는 단순히 초밥이나 횟감 그리고 통조림으로만 소비되지 않는다. 과학기술의 발달로 참치의 부산물은 약품, 화장품, 건강식품 등 다양한 상품으로 진화하고 있다. 만약 참치가 물류를 만나지 못했다면 아직 참치는 고양이 사료나 쓰레기장 애물단지 신세를 벗어나지 못하고 있을 것이다. 물류를 통해 참치는 세계인의 입맛을 돋우었고, 이는 또 다른 물류 시장의 성장을 주도했으며, 다양한 참치의 활용도 가능하게 했다. 요즘 무분별한 남획으로 참치 멸종을 우려하는 목소리가 많아지고 있다. 우리 생활을 풍요롭게 해준 참치의 멸종은 매우 슬픈 일이며 있어서는 안 된다. 현재 국가 간 협약을 통해 쿼터 내에서 참치를 잡도록 규정화하고 양식 등의 대안도 등장하고 있다. 그리고 좀 더 효과적이고 효율적인 참치 물류 체계를 구축해 유통 과정에서 손실되거나 폐기되는 것이 없도록 우리 모두의 노력이 필요한 시점이다.

붉은불개미의 습격

우리가 만든 부메랑, 미세먼지

의약품의 온도 유지, 생명과 직결되다

생명과 엮인,
물류

붉은불개미의
습격

우리는 2002년 겨울 홍콩을 시작으로 전 세계 32개국에서 8000여 명의 환자와 774명의 사망자를 발생시킨 사스(중증급성호흡기증후군)를 기억한다. 이후 2015년 5월 발생해 우리나라 의료와 방역 체계를 무력화한 메르스(중동호흡기증후군)는 우리 기억에 더욱 강력하게 남아 있다. 그리고 2020년 중국 우한에서 시작된 코로나19(코로나바이러스감염증-19)가 전 세계를 떨게 하고 있다.

1910년대 스페인독감으로 2500만 명 이상이 사망한 이래 주기적으로 지구촌을 강타하는 글로벌 감염 질병은 최근 인류의 이동성 확대라는 동력을 매개로 더욱 그 확산 범위를 넓히고 감염 강도를 높이고 있다. 중국 남부의 사스가 미국을 강타하고 중동의 메르스가 우리나라를 강타한 것은 글로벌 확산성의 단적인 사례라 할 수 있다. 주로 항공기로 이동하는 여행객을 매개로 질병이 퍼지고, 이를 막기 위해 방역 당국은 공항에 여러 형태의 검역 시스템을 가동한다. 공항을 이용하는 사람이라면 이를 쉽게 확인할 수 있을 것이다.

그렇다면 몇 해 전 화제가 됐던 붉은불개미는 어떻게 우리나라에 유입됐을까? 최근 우리나라 꿀벌의 천적인 등검은말벌은 어떻게 유입됐을까? 왜 이런 외래종의 유입이 위험하다는 것일까? 결론은 간단하다. 외래종은 우리나라의 생태계를 교란하고, 이는 결국 우리의 건강과 재산을 해치기 때문이다. 2019년 등검은말벌이 우리 농가와 생태계에 미치는 피해가 연간 1750억 원이라는 환경부 산하 국립생태원의 발표가 있었다. 등검은말벌은 2003년 부산 영도에서 처음 발견됐고 이후 전국으로 확산된 것으로 보인다. 부산항을 통해서 처음 유입됐을 가능성이 높다. 현재 등검은말벌이 유입된 지 16년이 넘었으니 그 피해 정도는 3조 원 이상이라는 추정도 가능할 것이다. 붉은불개미, 등검은말벌 같은 외래 병해충은 대부분 항만을 통해 유입돼 화물을 매개로 우리나라 물류망을 따라 이동했고 그 경로로 퍼지고 있다.

우리가 유념해야 할 것은 항만은 사람과 화물이 이동하는 공간으로, 특별한 방역과 추적 체계가 없다면 외래 병해충이 전국으로 퍼지는 것은 시간문제라는 것이다. 그래서 항만을 통한 방역 체계의 구축이 매우 중요한데, 사실 붉은불개미의 유입, 확산 사태에서 보았듯이 우리나라의 항만 방역 체계와 관리 시스템은 아직 미흡하고 국민의 관심 대상 사각지대에 있어 우리의 건강과 경제 손실의 위험이 항상 도사리고 있다고 볼 수 있다.

세계자연보호연맹은 세계 100대 악성 침입 외래종을 지정해 국가별 대응을 요구하고 있으며, 붉은불개미도 그중 하나다. 국가별로 살펴보면 우리나라는 2019년 현재 128종을 생태계 교란 생물로 지정, 고시했고, 일본은 429종, 호주는 약 3000종에 이른다. 특히 고유한 생태계를 가진 호주는 외래종으로 인한 피해가 가장 큰 국가로 유명하다. 호주는 외래종 잡초로 인해 연간 5조 원 정도의 피해가 발생하고 있고, 붉은불개미로 인해 매년 약 3073억 원의 피해를 입고 있는 실정이다. 이외에도 환산이 불가능할 정도로 외래종 피해가 심각해 국가 차원에서 항만을 통한 외래종 유입 방역에 사활을 걸고 있다. 미국 역시 붉은불개미가 정착, 확산된 결과 매년 6조 7000억 원의 경제적 손실이 발생하고 있다.[1]

반면 우리나라는 아직 붉은불개미의 유입 여부와 피해 정도를 파악하지 못하고 있다. 단지 유사한 사례로 과거 2015년 과수화상병이 국내에서 처음 발견돼 2017년까지 162억 원의 손실보상금이 발생했다는 정도로 붉은불개미의 유입이 향후 가져올 피해를 가늠해볼 수 있는 정도다. 결론적으로 어떠한 형태든 유입된 외래 병해충은 국민의 건강과 경제에 큰 영향을 미치게 되므로 국내로 유입되는 입구인 항만에서 차단하는 것이 최선의 방법일 것이다.

우리나라 항만의 방역 체계는 지난 붉은불개미 사태에서 보았듯이 아직 많은 부분이 미흡하다. 붉은불개미의 경우 최초 발견일인 2017년 9월 28일 이후 여섯 차례 항만 인근 지역에서 발견됐으나, 당시 발표는 국내 내륙으로 확산되지 않았다고 했다. 그러나 붉은불개미는 2018년 9월 17

일 대구시내 아파트 공사 현장에서 발견돼 이미 내륙으로 퍼져 나갔음을 뒤늦게 인정할 수밖에 없는 상황이 됐고, 아직도 다수의 사례에서 유입 경로가 밝혀지지 않고 있는 상태다.

우리나라는 항만으로 유입되는 화물을 다수의 부처가 관여해 관리한다. 항만을 통해 유입되는 외래 병해충에 대한 검역 및 관리와 관련된 부서는 환경부, 농림축산식품부(농림축산검역본부) 등이 있다. 환경부는 침입 외래종 관련 총괄 부서이며, 농림축산식품부 소속의 농림축산검역본부는 외래 병해충 관련 검역을 담당한다. 우리나라의 검역 체계는 외래 병해충이 국내에 유입될 때 농작물과 자연 환경 등에 미칠 경제적 손실 등을 평가하는 병해충 위험 분석 업무와 외래 병해충을 국경에서 유입 차단하기 위한 국경 검역 업무, 국내에 유입된 외래 병해충이 정착 및 확산하지 못하도록 방지하기 위한 예찰·방제 업무로 구분된다.

검역 절차는 수입 검역과 수출 검역으로 구분되며, 수입 검역은 식물 검역 대상 물품을 수입하면 처음 도착한 수입 항만에서 즉시 식물검역기관장에게 신고하고, 식물검역관의 검역을 받아야 한다. 검역은 서류 검역과 현장 검역으로 구분된다. 수입 물품은 수입 항만의 지정 구역에서 현장 검역을 받고, 병해충이 발견되면 병해충의 종류에 따라 비검역 병해충, 관리 병해충, 금지 병해충으로 분류한다. 이 중 비검역 병해충을 제외한 나머지 병해충은 소독, 폐기 및 반송 조치된다. 수출 검역은 식물 등을 수출하기 위해 그 식물 등이 수입국의 요구 사항을 충족하는지 식물검역관 등을 통해 수행된다. 그 검역에 합격했을 경우 수출이 가능하다.

국내의 붉은불개미 발견 현황
출처: 농림축산검역본부(www.qia.go.kr), 보도자료 참조하여 재작성, 검색일: 2019년 2월 10일

- **2017. 9. 28.** 부산항 감만부두(야적장 시멘트 틈새)에서 1000여 마리(1개 군체) 발견, 역학조사 중

- **2018. 2. 19.** 인천항 보세창고(수입 고무나무 묘목, 창고 내)에서 일개미 1마리 발견, 중국 푸젠성에서 유입

- **2018. 5. 30.** 부산항 자성대부두(수입 대나무, 컨테이너 내부)에서 일개미 2마리 발견, 중국 푸젠성에서 유입

- **2018. 6. 18.** 평택항 컨테이너 부두(야적장 시멘트 틈새)에서 700여 마리(1개 군체) 발견, 역학조사 중

- **2018. 6. 20.** 부산항 자성대부두(야적장 시멘트 틈새)에서 공주개미 3000여 마리(1개 군체) 발견, 역학조사 중

- **2018. 7. 6.** 인천항 컨테이너 부두(야적장 시멘트 틈새)에서 여왕개미 776마리(1개 군체와 일개미 무리 1곳) 발견, 역학조사 중

- **2018. 9. 17.** 대구 북구 아파트 건설 현장(수입 조경용 석재)에서 여왕개미 830여 마리 발견, 중국 광둥성에서 유입

생명과 엮인, 물류

현재 우리나라 항만의 방역 체계는 큰 틀에서는 문제가 없어 보이나 실행과 관리 단계에서 허점이 있다. 첫째, 현행 법령상 담당 기관별로 외래종 관리 목적과 대상이 상이하다. 농림축산식품부가 지정한 외래 병해충은 잠정규제 병해충을 제외한 2111종으로 비교적 포괄적 관리가 이루어지고 있으나, 환경부가 지정한 위해종은 149종으로 관리 대상에 큰 차이가 있는 것으로 조사됐다. 항만을 포함한 수출입 거점에서 모든 외래 병해충을 차단한다면 최선이나, 항만을 벗어나 주변 배후지 등을 통해 국내로 유입될 경우 관리 대상에서 제외돼 즉각적인 대응이 어려울 수 있다. 2013년 세계자연보전연맹(IUCN)은 전문가 공동 조사를 통해 '세계 100대 악성 침입 외래종'을 선정했다. 100대 악성 침입 외래종 중 환경부에서 지정한 위해종은 13종에 불과하다. 그만큼 위해종 지정 항목에 없는 악성 침입 외래종은 물류 경로를 따라 무방비 상태로 국내 유입이 가능하다는 것이다.[2]

둘째, 검역법에 따라 항만을 드나드는 운송수단, 사람과 화물이 검역의 대상이나 외래 병해충과 관련한 검역은 식물에 한정한다는 문제가 있다. 식물 검역 대상 물품은 식물과 그 식물을 넣거나 싸는 용기·포장, 병해충 및 농림축산식품부령으로 정하는 흙으로 한정돼 있다. 즉 병해충의 발생 가능성이 높은 식물만을 대상으로 검역을 실시하는 것이다. 그러나 병해충은 식물을 통해 유입될 뿐만 아니라, 그 외 물품 운송에 사용된 컨테이너, 팔레트 등을 통해서도 유입될 수 있어 검역 대상 확대에 대한 논의가 이루어질 필요가 있다.

셋째, 관계 부처와 기관 간의 협력 체계 구축이 미흡하다. 과거 붉은불개미가 계속해서 발견될 때마다 관할 부처인 농림축산검역본부는 즉각 정보를 전파하는 등 본연의 역할을 수행했다. 그리고 정부 차원에서는 농림축산식품부(농림축산검역본부), 환경부, 해양수산부, 국토교통부, 관세청, 농촌진흥청, 행정안전부, 질병관리부가 함께하는 태스크포스(TF)를 구축해 지속적으로 협의를 진행했고, 각 부처의 역할과 대응 방안을 마련해 일을 추진했다. 그러나 붉은불개미가 항만으로 유입돼 임시 적치됐다가 도로와 철도를 통해 육상으로 이동하고 사업장에 도착하는 과정은 해양수산부와 국토교통부의 소관이다. 또 검역과 방제의 경우 항만 내에서는 농림축산검역본부가, 내륙(국내)에서는 환경부가 담당하고 있어 일시적인 관계 부처 태스크포스 체계로는 지속적으로 유입되는 외래 유해종에 대해 실시간으로 대응하기가 어려울 수밖에 없다. 결국 상황이 발생하고 난 이후 대응을 하게 되는 문제점이 지속되는 등 정부와 민간 차원의 대응이 미흡한 실정이다.[3]

한편 우리나라 항만 방역 체계의 문제점과 물류산업에 대한 우리의 인식에 대해 지적할 필요도 있다. 항만 방역 체계상 거버넌스 차원의 문제점은 정부의 합리적이고 체계적인 개선을 통해 해결이 가능하지만, 물류산업과 관련된 인식 차원에서 시작된 방역 체계의 문제점은 다시 한 번 생각해볼 필요가 있다. 현재 항만을 통과하는 화물과 연결된 방역 체계의 가장 큰 문제점은 컨테이너, 팔레트 등의 관리 문제다. 우리나라의 수출입 화물과 환적 화물은 대부분 컨테이너와 팔레트 용기를 통해 운송된다. 그런데 보통 컨테이너에 실린 화물만 검역 대상이고 컨테이너와 팔레트 용기

자체는 대상이 아니다. 현재 컨테이너와 팔레트, 특히 컨테이너는 비용 절감을 위해 사각지대에서 관리되는 일이 많다. 우리나라는 반입·출입되는 공(空)컨테이너의 세척이 의무화돼 있지 않다. 공컨테이너 세척은 이용자와 관리자 모두의 비용이 유발되기 때문인데, 저렴하고 신속한 운송을 위해 해당 과정을 생략하거나 제한적으로 하는 것이다. 다수의 공컨테이너는 화물을 적출한 이후 혹은 반환 과정에서 해당 컨테이너를 운반했던 트럭 기사가 임의로 청소하고 반납하는 일이 많다. 이 경우 어디서 어떻게 청소가 됐는지 알 수가 없다. 만일 해당 컨테이너에 외래 병해충이 붙어 있었다면 그 결과는 어떻게 될까?

아직 우리나라는 경제성장과 고용 창출을 위해 제조업 관련 수출입을 장려해야 하고, 항만 분야에서는 대규모의 물동량을 유치해 항만 하역업과 물류업의 경기를 살릴 필요가 있다. 그렇지만 현재 우리의 경제 수준과 국민 생활수준 등을 고려할 때 환경과 생태계를 담보로 돈만 버는 시대는 지난 듯하다. 외래 병해충이 항만으로 유입돼 물류망을 따라 전파될 가능성이 항상 존재하는 상황이므로 화물 운송 비용 절감과 신속 배송만을 목표로 할 게 아니라 안전한 관리도 목표에 포함해야 한다. 일부 비용 증가와 시간 지연이 발생하더라도 국민의 건강과 재산을 지키는 차원에서 안정적인 관리 체계 구축은 반드시 필요하다. 예를 들어 미세척 공컨테이너의 반출 금지와 함께 항만 내 방역 체계가 완벽하게 관리되는 지역을 선정하고 완벽한 방역 업무가 가능한 방역 업체를 지정해 안정적이고 체계적인 관리를 해야 한다. 이제 눈에 보이는 이익만 추구하는 것보다는 환경

보존과 생태계 관리라는 큰 흐름에 따라 국가 경제 손실을 막는 것이 오히려 궁극적으로 국부를 창출하고 지키는 일일 것이다.

우리가 만든
부메랑,
미세먼지

최근 우리나라 기후를 '삼한사미(三寒四微)'라고들 하는데, 한반도를 뒤덮는 미세먼지를 과거 겨울 날씨를 말하는 '삼한사온(三寒四溫)'에 빗대 하나의 기후 현상으로 이야기하는 신조어다. 초기에는 미세먼지를 일시적 대기오염으로 받아들였으나 이제는 일상화돼 심각하게 국민 건강을 해치는 재앙 수준이 된 것이 사실이다. 국민을 괴롭히는 미세먼지, 특히 초미세먼지는 자동차 같은 운송수단, 발전소, 공장 그리고 중국에서 생성된 오염물질의 유입으로 만들어진다. 물론 좀 더 깊이 들여다보면 그 원인은 수십, 수백 가지가 될 것이다. 일반적으로 가정에서 음식을 조리할 때 발생하는 연기도 대기오염에 영향을 미치는 것은 사실이다. 하지만 우리나라는 현재 어디서 어느 정도의 오염이 발생하는지 정확히 모르는 상태에서 환경의 중요성에 대한 경각심만 높아지는 상황이다. 생활수준이 높아진 우리 국민은 기꺼이 환경 개선을 위해 비용을 지출할 의향을 가지고 있다. 그런데 이러한 성숙한 의식과 상관없이 지역 혹은 개인의 이익을 지키는 과정에서 물류 분야의 연계성 문제로 우리의 건강과 경제적 손실이라는 부메랑을 맞는 경우가 생기고 있다.

2019년 3월 미세먼지 3법이 발효됐다. 미세먼지 3법이 가장 많은 비중을 둔 분야는 노후 경유 차량의 도심 진입 방지와 친환경 차량으로의 교체다. 환경부의 발표에 따르면 경유 차량은 수도권 미세먼지 배출원 1위를 차지한다. 경유 차량 중 운행 빈도가 가장 많고 생활 밀착형인 1톤 트럭은 전국에 약 230만 대가 운행 중이다. 안타까운 사실은 1년간 평균 16만 대의 1톤 트럭이 판매되는데, 그중 99.9퍼센트가 경유 차량이고 최근 5년간 자동차 정기 검사에서 불합격한 경유 차량이 97만 대라는 점이다.[4] 중국 오염원, 발전소, 공장 등 거대 오염물질 배출원보다 가까이에 있는 소형 배출원이 오히려 우리 건강을 더 해치고 있을지도 모른다.

더 무서운 것은 안양대학교 연구팀의 최근 보고서[5]에 따르면 초미세먼지가 증가할 경우 국민의 심혈관질환, 호흡기질환, 폐암 증가율이 모두 10퍼센트 이상 늘어난다는 사실이다. 이는 우리가 애용하는 택배 서비스가 궁극적으로는 우리 건강에 악영향을 미치는 결과를 초래할 수 있다는 뜻이다. 즉 자기 자신에게 부메랑으로 돌아오는 것이다. 이번 법은 과거 정부의 '클린 디젤' 정책 공식 폐기, 경유 차 감축 추진, LPG 화물차에 보조금 지급, LPG 차량 사용 제한 폐기 등의 친환경 자동차 보조금 확대를 주요 골자로 한다. 이미 우정사업본부는 우체국 택배 차량의 35퍼센트를 LPG

베이징과 서울의 미세먼지

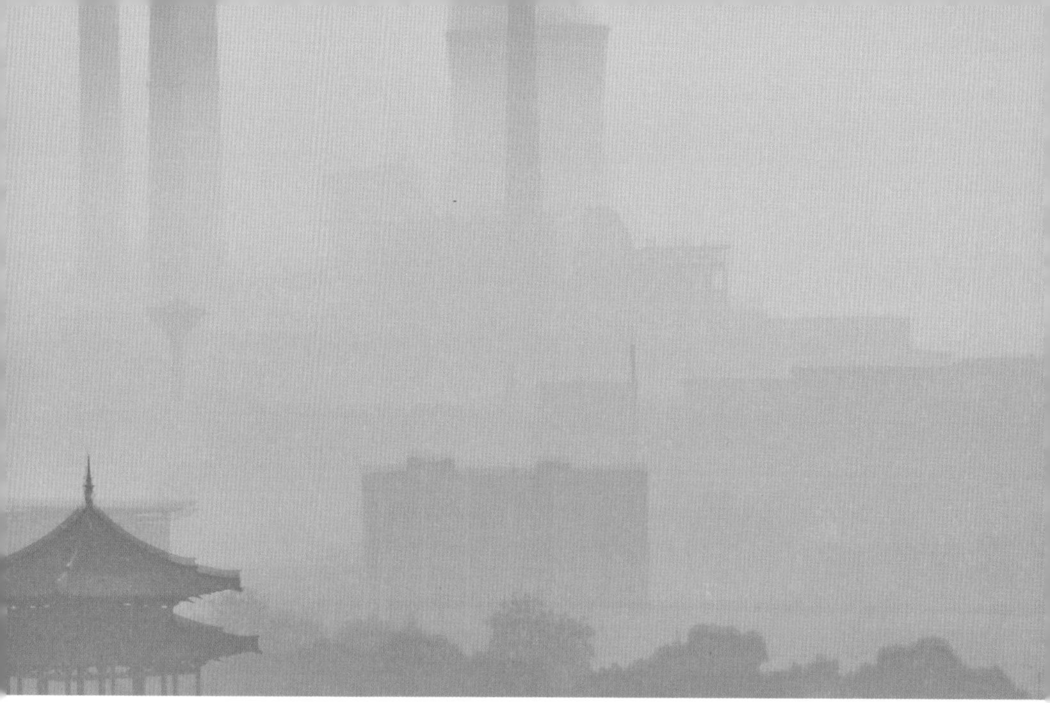

차량으로 전환하는 사업을 추진 중에 있다. 이처럼 미세먼지 발생 오염원을 막는 정책은 중요하다. 그러나 물리적인 축소와 교체도 중요하지만, 해당 배출원, 즉 차량의 효율적 운행과 관리 체계 마련을 통한 친환경 생태계 구축도 병행돼야 실질적인 개선 효과를 볼 수 있을 것이다. 또한 정부는 지속 가능한 생활환경 조성과 효율적인 물류 체계를 구축하는 동시에 국민 생활에 발생할지 모를 마찰도 살펴볼 필요가 있다.

물류 시장에서 이용되는 물류 수단은 수단별 특성에 따라 나뉜다. 선박은 화물을 항만에서 항만까지, 기차는 역에서 역까지, 대형 트럭은 항만이나 역 등에서 도시 내 물류 거점까지 그리고 마지막으로 상가나 집 앞까지는 소형 트럭이 맡는다. 선박은 주로 장거리, 기차는 중거리, 트럭은 단거리를 운송하며, 트럭의 경우 크기에 따라 그 이송 범위가 달라진다. 그런데 대형 트럭의 역할을 소형 트럭이 한다면 어떤 일이 발생할까? 아마도 이동 거리가 길어지고 운송 횟수도 늘어나서 효율이 떨어질 것이다. 효율이 떨어진다는 것은 연료를 많이 소비한다는 뜻이고, 매연이 많이 발생돼 미세먼지의 주범이 된다는 말이다.

한편 물류 시장은 소비자의 니즈 변화로 큰 변화를 경험하고 있다. 물류와 유통의 경계가 사라지고, 다품종 소량 생산으로 인한 빈번한 라스트 마일(last mile, 최종 고객 배송) 물류 서비스가 확산 중이다. 우리가 일상적으로 보는 택배 트럭이 이 라스트 마일을 지탱하는 중요한 조력자다. 그러나 그들은 타의로 인해 미세먼지를 유발하는 조력자가 되기도 한다. 인구가 많은 대도시에서 이러한 현상이 더 심한 것이 현실이다. 과연 불합리한 트

항만 접안 선박에서 오염 물질이 배출되고 있다. ⓒ국제신문사

력 운송의 문제는 어디서 오는 것일까? 국가 물류 정책의 오류 때문일까, 물류 기업의 운영 실패 때문일까?

정부는 국가물류기본계획을 5년 단위로 수립하고 매년 실행 계획을 세워서 변화하는 환경에 따라 수정 작업을 한다. 우리나라의 국가물류기본계획은 당연히 물류 수단별로 물류 기능을 구분하고 수출입 선두에는 항만, 이를 연결하는 배후 물류 수단으로 철도와 도로가 역할을 하도록 돼 있다. 인구가 밀접한 대도시에는 지역별로 공동물류센터를 두고 대형 트럭이 항만, 공항 등에서 실어온 화물을 하역, 집적, 보관한다. 마지막으로 소형 트럭이 지역공동물류센터에서 화물을 실어 고객에게 이송하는 것이 계획상 물류의 흐름이다.

그러나 도시 내 공동물류센터나 공동물류단지는 지역 주민이 기피하는 주요 시설 중 하나다. 2018년 발생한 하남 '신세계물류센터 입주 반대' 사례를 보면 지역 주민은 물류센터 설립으로 교통 체증이 유발되고 이는 결국 지역민의 불편과 함께 부동산 가격에 부정적인 영향을 미친다고 주장했다. 이러한 사건의 빈번한 발생은 수도권 도심 인접 지역에 물류 거점을 두지 못하고 원거리인 고속도로변이나 수도권 외곽에 물류센터를 설립하게 만든다. 외곽의 물류센터는 결국 불필요한 이동거리를 증가시켜 수도권 전체가 미세먼지에 시달리게 하는 주요 원인이 된다. 수도권 주변의 물류센터에서 서울로 빈번하게 오가는 노후 경유 차량으로 인해 수도권 전체가 대기오염 발생 중심지가 되는 것이다. 또한 공동물류센터의 부재는 부대시설인 화물차 공동주차장 부족으로 연결돼 야간 도로변에 다수의 불법 트럭 주차를 야기하고, 이는 환경오염뿐 아니라 야간 교통사고의 주요 원인이 되고 있다.

국립환경과학원의 조사에 따르면 부산, 인천, 울산 등 주요 항만도시는 내륙도시보다 환경오염이 더 심각한데, 접안 선박이 배출하는 미세먼지와 항만을 오가는 화물 차량으로 인해 이중으로 대기오염에 시달리기 때문이다. 주요 항만도시의 초미세먼지 배출 중 항만 관련 비중(비도로 이동 오염원)은 부산 77퍼센트, 인천 33퍼센트, 울산 36퍼센트로 전국 평균 18퍼센트보다 월등히 높다.[6] 한편 항만도시 역시 지역 주민 등으로 인해 도시에 충분하고 체계적인 물류센터 건설이나 물류 연계 시스템 구축을 하지 못하고 있는 것이 현실이다.

모든 현상에는 해결 방안이 있게 마련인데, 단일 주체가 나서서 단번에 해결하는 것이 아니라 다수가 다양한 노력을 통해서 해결하는 것이 일반적이다. 현재 우리가 직면한 미세먼지로 인한 대기오염은 누구의 탓이라는 비난보다 생활 주변 오염 배출원이 어떻게 발생하는지 그 과정을 잘 확인하고 환경오염 자체를 관리할 수 있는 생태계를 조성하는 것이 우선이다. 우선 오염 배출원 규제, 교체, 축소 등 관련 법안 정비가 필요하다. 최근 진행된 미세먼지 관련 법안들이 이러한 움직임의 첫걸음이라 할 수 있다.

둘째는 배출원 관리를 위한 합리적인 계획을 세워야 한다. 특히 주요 오염 배출원인 물류 수단을 효과적으로 관리하는 물류 시장에 우선 적용해야 한다. 물류 수단은 원거리, 중거리, 근거리에 맞게 사용하고 이들이 효과적으로 연계될 수 있도록 항만, 역, 광역물류센터, 지역물류센터 등 물류 거점 간 체계적인 계획과 실행이 필요하다.

셋째는 최신 물류 및 건축 기술 등을 활용해 지역 주민과 공존할 수 있는 창의적이고 실용적인 공동물류센터를 마련해야 한다. 일본은 지역 주민에게 편의를 제공하면서 오염 물질과 교통 체증을 최소화하는 형태의 복합물류센터를 다수 건설해 주목을 받고 있다.

넷째는 철도역, 항만, 고가도로 등 주요 물류 거점 주변에 있는 잉여 용지(用地)나 맹지(盲地) 등을 효과적으로 활용할 필요가 있다. 도시 주변 혹은 내부에 산재한 미이용 용지[7]를 효과적으로 사용하면 도시의 슬럼화 방지, 교통 부담 최소화뿐 아니라 지역민의 재산권 상승에도 기여할 수 있다. 이를 위해서는 정부나 지자체 차원에서 건축법, 도시계획법의 적절한 개정이나 지원을 병행해야 한다.

다섯째는 물류센터, 철도역, 화물차 공동주차장, 항만, 공항 등에 에너지 순환율 100퍼센트의 친환경 에너지 생태계를 구축하는 것이다.[8] 예를 들어 항만 공간에서 소비되는 에너지 전체를 바다와 연안 공간을 활용해 해상풍력, 태양광, 조력 발전, 수소에너지 등으로 자급자족할 수 있는 체계를 구축하는 것이다. 이렇게 되면 화석연료를 통한 에너지 공급이 필요 없고 자급자족이 가능해져서 환경오염 발생을 최소화할 수 있다.

마지막으로 정부는 국가물류기본계획, 지역물류기본계획을 좀 더 정교하고 실질적이며 개방적인 형태로 수립해 국민이 받아들이고 함께 실천할 수 있는 방향으로 실행해 나가야 한다. 또한 국민은 우리가 사용하는 물류가 국가적으로 어떻게 움직이고 자신에게 어떤 영향을 미치는지 이해하고, 자신과 가족이 좀 더 건강하고 편안하게 생활하기 위해 필요한 의무라고 생각해 공공물류계획에 협조해야 한다.

의약품의 온도 유지, 생명과 직결되다

의약품은 관리가 까다롭고 유통에 많은 노력이 필요해서 물류산업에서는 새로운 부가가치 창출 분야로 손꼽힌다. 의약품 시장은 2021년경 930억 1000만 달러에 이를 것으로 추정되며, 현재 연 6퍼센트대의 성장세를 보이고 있다. 이 중 정밀한 온도 관리가 필요한 바이오 의약품은 최근 비중이 크게 높아지고 있어 해당 의약품 콜드체인(cold chain, 저온 유통 체계) 물류 시장의 성장 역시 빠르게 증가할 것으로 전망된다. 2017년 기준 전 세계 의약품 콜드체인 물류 시장의 규모는 대략 134억 달러에 불과하지만 연 8~9퍼센트의 성장세를 유지하며 앞으로 큰 시장이 될 것으로 보인다. 반면 일반 의약품 물류 시장은 665억 달러지만 성장세는 4~5퍼센트에 불과하다.[9] 즉 아직 상대적 시장 규모는 작으나 온도 관리가 필요한 콜드체인 의약품 물류 시장의 성장은 규모나 가치 면에서 괄목할 만한 성과를 거둘 것으로 예상된다. 이는 그만큼 의약품 시장에서 바이오 의약품의 비중이 높아지고 있다는 점과 인간의 생명과 직결되는 해당 제품의 특수성으로 인해 더 많은 기술과 관리가 필요해 비용이 증가한다는 점을 방증하는 것이다.

의약품 중 최근 특히 증가세인 바이오 의약품은 온도뿐 아니라 충격, 진동, 습도, 일사 등 대부분의 외부 요인에 영향을 받을 정도로 민감한 물품이다. 바이오 의약품은 인체 내에서 작용하는 것이기에 우리 몸의 일부처럼 여겨지므로 모든 외부 요인의 관리가 필요하다. 특히 백신, 인슐린, 혈액 등은 이동 과정 중 최소 48시간, 최대 168시간 동안 모든 외부 위험 요인을 차단할 수 있어야 한다. 아직은 드라이아이스와 스티로폼 박스와 같은 단순한 운송 형태를 통해 다수의 바이오 의약품이 운송되는데, 운반 도중 대략 15~30퍼센트의 손상 및 변질이 있다는 보고가 있다. 현재 우리나라 역시 의약품 운송 과정에서 많은 경제적 손실을 입고 있으며, 따라서 생명과 직결되는 위험한 상황에 우리 국민이 노출돼 있다고 할 수 있다.

최근 외국계 글로벌 물류 기업이 국내 의약품 물류 유통 사업에 본격적으로 진출하면서 해당 기업의 화주인 글로벌 제약사가 요구하는 수준에 맞추기 위해 우리나라의 물류 기업은 의약품 유통 관리 규정인 KGSP(Korean Good Supplying Practice) 대신 국제 의약품 유통 관리 규정인 GDP(Good Distribution Practice)[10] 적용을 준수하겠다고 밝혔다. KGSP의 관리 수준이 GDP보다 낮기 때문이다. 결국 해당 기업의 협력 업체가 되는 우리나라의 물류 기업은 그들이 요구하는 GDP 규정에 의거해 대상

의약품을 국내에 공급해야 하는 상황이다. GDP는 온도, 입출고, 재고, 포장 및 재포장, 생물학적 제재 포장, 샘플링, 반품, 폐기 절차, 창고 출입, 병충해 방지, 안전, 일사, 충격, 습도 등 의약품 물류 과정의 모든 부분을 철저히 규정하고 있다. 만약 대상 의약품이 2도 이상 혹은 이하의 변화가 있을 경우 자동 알람 시스템을 구축하게 돼 있으며, 네 시간 안에 이 문제를 완벽하게 해결해야 한다. 해당 기업은 이러한 시스템을 통해 전 세계의 의약품 물류 시장을 주도하는데, 우리에게 주는 시사점이 많다.[11]

의약품 콜드체인은 일반 콜드체인과 상당한 차이점을 보인다. 일반 콜드체인의 대표 상품인 식료품은 주로 0도에서 10도 사이의 온도를 24~48시간만 유지하면 된다. 또 고객에게 상품이 도달하면 상품의 포장은 대개 그대로 버려진다. 그러나 의약품 콜드체인 물류는 훨씬 엄격하고 보수적인 규정(Regulation)을 가지고 있다. 앞에서 말했듯이 의약품의 온도 유지가 사람의 생명과 직결되기 때문이다. 소비자(환자)에게 의약품이 도달될 때까지 온도 관리, 포장과 보관(Storage)에 관한 관리 및 감독이 철저히 이뤄져야 하는 까닭이다.

우선 의약품이 처음 상품화돼 나왔을 때부터 일반 냉장·냉동 컨테이너가 아니라 의약품 전용 특수 컨테이너로 운송해야 하고, 이후 작은 소포장 크기로 제품이 공급될 때도 기존의 드라이아이스와 같은 불안전 냉매제가 아니라 PCM[12]과 같은 특수 물질을 사용해 배송해야 한다. 여기서 의약품 특수 컨테이너와 PCM 장치 등은 일부 글로벌 물류 기업이 독점 공급하는 초고가의 물류 시설이다. 현재 의약업계는 의약품의 품질 관리를 위

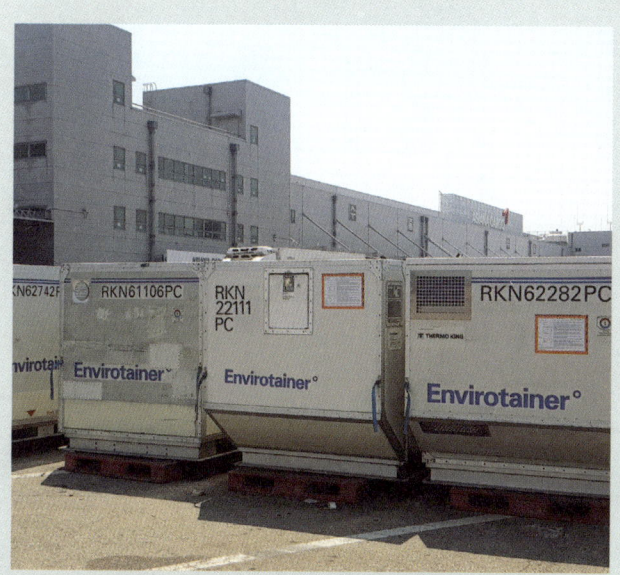

바이오 의약품 전용 컨테이너. ⓒ카고프레스

해 이를 사용할 수밖에 없는 상황이다. 배송된 의약품은 소비자에게 전달되지만, 남은 용기나 샘플은 철저한 관리를 통해 다시 회수나 폐기 절차를 거치게 된다. 이 역시 국민의 안전을 위한 조치지만 물류 기업 입장에서는 회수와 폐기물류라는 추가적 부가가치가 발생할 수 있는 기회 요인이 되기도 한다.

우리나라는 전 세계 어느 나라보다 급속한 고령화를 경험하고 있다. 이 말은 그만큼 실버산업이 성장할 수 있다는 뜻이다. 그리고 의약품은 실버산업의 고부가가치 산업이다. 사람의 생명과 직결되는 의약품 물류는 우선 윤리적 차원에서 매우 엄격하게 관리돼야 하는 중요한 부분이다. 또한 윤리 차원을 넘어서 경제적으로도 부가가치와 고용 창출이 큰 미래 산업이다. 이 산업의 핵심은 기술이지만, 이 기술을 통해 생산된 제품의 안정적인 운송은 또 하나의 부가가치 산업으로서 물류산업의 중요한 분야로 성장할 것으로 보인다. 이는 앞에서 언급한 바이오 의약품 시장의 규모와 성장률이 방증해준다.

2016년 가트너(Gartner)는 글로벌 헬스 케어 공급망 우수 업체 상위 25개를 발표했다. 여기에 언급된 글로벌 상위권 의약품 유통 기업이 세계 의약품 시장을 주름잡고 있다. 아쉽게도 의약품, 유통 그리고 물류 분야에서도 우리 기업은 아직 제대로 존재감을 보여주지 못하고 있다. 고령화 시대는 남의 이야기가 아니라 우리 현실이다. 통계청에 따르면 우리나라는 몇십 년 안에 일본과 함께 세계 최대 고령국가가 될 것이다. 우리는 이러한 현실을 제대로 받아들이고 잘 적응할 수 있도록 지금부터 철저히 준비해야 한다. 이를 위해 성장 산업인 의약품 물류산업에 대해 몇 가지 준비할 사항이 있다. 우선 세계 수준의 의약품 관리 시스템 구축이다. 외국의 물류 기업에게 외면당하는 우리나라의 KGSP를 개정해 글로벌 수준 이상의 관리제도와 시스템을 만들어야 한다.

둘째는 의약품 유통 구조 개선이다. 현재 우리나라는 제조·수입에서 요양기관, 제조·수입에서 도매상, 도매상에서 도매상, 도매상에서 요양기관으로 의약품이 유통된다. 제약업체와 도매업체가 과도하게 몰려 있다 보니 각 업체는 영세해지고 유통 구조의 복잡성과 다중성을 유지할 수밖에 없는 것이다. 결국 관리 문제 발생과 함께 비용 증가와 안전성 문제로 이어지게 된다. 지난 2012년 이후 매년 도매상에서 다시 도급을 받은 도매상 수가 거의 10퍼센트 증가했다. 이는 국민의 건강에 부정적 영향을 미칠 뿐 아니라, 비용 면에서도 부담을 주게 된다. 글로벌 시장에서 생존하기 위해서는 규모의 경제와 범위의 경제를 동시에 실현해야 한다. 결국 우리나라 의약품 유통 시장을 글로벌 기업이 선점하기 전에 우리 스스로 선택과 집중을 발휘해 유통 구조를 정비할 필요가 있다.[13]

셋째는 의약품 유통과 관련된 신기술 개발과 응용이다. 최근 블록체인 기술이 주목받고 있다. 특히 고가의 콜드체인 상품을 관리하는 데 적합한 기술로 여겨진다. 의약품과 같은 공공성을 띤 상품은 모든 유통 과정의 추적이 필요하다. 즉 블록체인 기술이 의약품에 적용된다면 생산에서 소비까지 모든 유통 과정이 관리가 되어 의약품의 안정성 제고와 비용 절감이 가능해질 것이다. 이외에도 현재 활용되고는 있지만 기술적으로 개선과 개량이 필요한 바이오 포장(Bio-packaging)과 온도 조절 포장 솔루션(Temperature Control Packing Solution) 등에 대한 지원과 투자를 통해 고부가가치 물류 분야 육성과 함께 의약품의 안정성 제고에도 기여할 필요가 있다.

운하와 해협, 무역의 길목

매력과 불안이 넘치는 북극항로

바다 고속도로를 가다

파나마 운하

운하와 해협, 무역의 길목

세계의 전쟁과 무역의 역사를 돌아보면 운하와 해협은 중요한 역사의 장면마다 거의 공통적으로 등장한다. 전쟁과 무역은 그 성격이 매우 다르지만 이면을 들여다보면 연결된 지점도 많다. 세계열강이 자국의 경제적 이익을 위해 전쟁을 일으키고 굴복한 나라를 자원 수탈의 대상이자 자국의 생산품 시장으로 이용해온 것이 지난 400년 전부터 반세기 전까지 세계에 만연했던 식민주의 역사의 일반적인 모습이었다. 21세기 현재 이러한 노골적 침략과 식민지화는 사라졌으나 선진국의 경제적 종속화 전략과 무역전쟁을 통한 자국 이익의 극대화라는 기본 공식은 그대로 남았다. 최근 미국의 대외무역 전략은 그 속내를 숨기지 않고 그대로 드러낸 전형적인 예일 것이다. 이런 맥락에서 운하와 해협은 아직도 세계의 주도권을 잡기 위한 국가들의 주요 확보 수단으로 그 역할을 하고 있다. 특히 유럽이 주도했던 상업혁명' 이후 글로벌 해상무역이 촉발된 시기부터 지금까지 중요한 역할을 하고 있으며, 현재 중량 기준으로 세계 교역량의 80퍼센트 이상이 해상운송으로 이루어지는 만큼 그 중요성은 여전하다고 할 수 있다.

운하와 해협은 위치, 상황 그리고 크기에 따라 제 나름의 역할을 수행해왔다. 우리 역사에 상세히 남아 있는 이순신 장군의 명량대첩은 울돌목이라 불리는 진도와 육지 사이의 작은 해협을 이용해 조선보다 열 배 이상 많은 선단을 이끌고 쳐들어온 일본 해군을 제압한 역사적 사건이다. 이외에 1885년 3월부터 2년 동안 영국 해군이 대한해협을 통과하는 러시아의 동양함대를 방어하기 위해 거문도를 점령한 사건도 있었다. 영국은 남하하는 러시아 세력을 막기 위해 요충지인 대한해협 방위에 유리한 거문도를 점령한 것이다. 대한해협은 울돌목보다 큰 바다다.

한편 유라시아 대륙과 아프리카 대륙 사이를 뚫어 아프리카 남단의 희망봉을 돌아야 아시아로 갈 수 있었던 뱃길을 1만 킬로미터나 단축한 수에즈(Suez) 운하가 있다. 수에즈 운하는 해협은 아니지만 그 규모와 영향력이 엄청나다. 이후 수에즈 운하의 성공을 모델로 대서양과 태평양을 연결하는 아메리카 대륙을 동서로 잇는 파나마(Panama) 운하 사업이 진행됐는데, 이 역시 운하와 해협의 중요성을 기반으로 한 인류 역사의 획기적인 하나의 사건이었다.

수에즈 운하는 지중해와 홍해를 연결하는 162.5킬로미터의 운하로, 프랑스가 주도하여 1858년 '만국수에즈해양운하회사(Compagnie Universelle du Canal Maritime de Suez)'를 이집트 법인으로 설립하고 1859년 4월

공사가 시작돼 1869년 11월 17일 개통됐다. 당연히 이 사업의 주도권을 가진 프랑스와 공사 비용 때문에 이집트 정부가 내놓은 주식의 반 이상을 사들인 영국이 이 운하의 지배권을 확보, 운영하면서 유럽과 아시아의 교역에 따른 이익을 가져갔다. 1956년 이집트의 나세르 대통령이 운하 국유화 조치를 내린 이후 이집트로 주도권이 넘어갔다.

파나마 운하 역시 수에즈 운하와 마찬가지로 뱃길 단축을 위해 사업이 시작됐다. 수에즈 운하 개발 사업으로 자신감을 얻은 프랑스가 1881년 공사를 시작했는데, 어려운 지형 조건과 풍토병 등으로 사업을 포기하게 됐고, 1903년 미국이 사업권을 인수해 1914년 개통했다. 이로 인해 기존에 태평양과 대서양을 통해 오가던 배가 남아메리카를 돌아서 오는 경우보다 1만 5000킬로미터를 단축하게 되는 혁신이 일어나게 됐고, 미국은 자국의 이익을 극대화하기 위해 파나마 운하를 85년간 운영하다가 1999년 12월 31일에야 파나마에 운영권을 이양했다.[2] 2016년 6월 확장 공사가 완료되면서 4000TEU급 이하 선박만 통항이 가능하던 것이 1만 3000TEU급 이상도 통항하게 되는 큰 변화를 가져왔다. 현재 파나마 운하는 연간 1만 5000척 이상의 선박이 이용하고 있다.

이처럼 당시 세계를 지배하던 국가가 주도권을 지속적으로 확보하기 위해 인공적으로 운하를 개발, 건설했고, 정치적·경제적 이익을 동시에 취하면서 세계의 지배권과 영향력을 미치는 데 큰 수단으로 활용했다. 해협과 운하는 이처럼 한 국가 혹은 몇 개의 국가가 지역이나 세계의 패권을 잡기 위한 중요한 수단이었고, 해운(海運)의 힘이 그 근거를 제공해주었다. 이는 다른 물류 수단과 비교가 되지 않는 경제성과 규모성에 기인한다. 현재 전 세계 화물의 80퍼센트 이상이 해상운송 되고 있다. 중국의 경우 2016년 유럽으로 보내는 화물의 94퍼센트가 해상운송 됐고,[3] 우리나라는 전 세계로 보내는 화물의 99.7퍼센트가 해상운송 됐는데, 그 이유는 다른 물류 수단과 대비해 해운이 가지는 규모에 기인한 경제성 때문이다.

중국은 이러한 해운(수운)의 힘을 활용하고자 일찍이 수 양제 때(6세기)부터 양쯔강과 황허강을 연결하는 대운하 사업을 벌인 역사가 있다. 최근에는 남중국해에서 미국을 뒤에 둔 베트남, 필리핀 등과 해양 영토 영유권을 둘러싸고 대립각을 세우고 있는데, 중국 선박이 서아시아와 유럽으로 향하는 바닷길을 안정적으로 확보하기 위해서다. 또 태국 정부와 비밀리에 추진했던 안다만만과 타이만을 연결하는 크라(Kra) 운하[4] 개발 사업도 미국이 주도하는 믈라카(Malacca)해협의 우회로를 찾기 위한 몸부림의 하나로 받아들여지고 있다. 해협과 운하의 길목을 지킴으로써 해당 항로를 통항하는 모든 선박의 통제권을 손에 쥘 수 있고, 평상시에는 경제적 이익을, 전시에는 전쟁의 주도권을 쥘 수 있기 때문이다.

세계는 여전히 해협과 운하를 지키고 빼앗으면서 자국의 이익을 극대화하기 위해 노력하고 있다. 최근 미국과 이란의 갈등 속에서 호르무즈(Hormuz)해협 봉쇄설이 흘러나왔고, 그에 따라 국제 유가가 요동쳤다. 호르무즈해협은 페르시아만과 아라비아해를 연결하는 요충지로 폭이 50킬로미터에 불과해 통과하는 선박의 통제가 쉬운 곳이다. 이 해협을 통해 전 세계 원유 공급량의 30퍼센트가 움직이고 있으니 이란은 위기 시에 항상

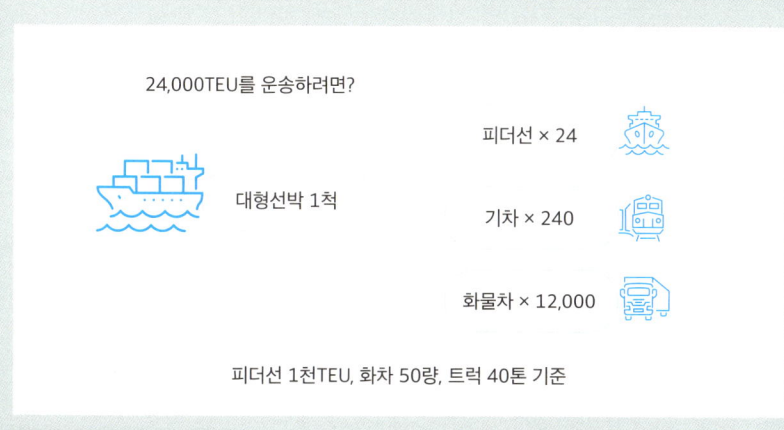

물류 수단별 수송량 비교

세계의 주요 해협과 운하

바다 고속도로를 가다

수에즈 운하와 믈라카해협

호르무즈해협 봉쇄를 협박 카드로 들고 나온다. 또한 2014년 일어난 러시아와 우크라이나의 해상 충돌 역시 크림반도 오른쪽의 아조프해에서 아래쪽의 흑해로 나가는 관문인 케르치(Kerch)해협에 대한 분쟁 때문이다. 이 해협이 막히면 러시아가 흑해를 거쳐 지중해로 나가는 길이 막히기 때문에 양국이 민감하게 대립할 수밖에 없는 것이다.

이외에 유럽 대륙과 아프리카 대륙 사이의 지브롤터(Gibraltar)해협, 아시아와 유럽을 나누는 보스포루스(Bosporus)해협, 앞에서 언급한 호르무즈해협과 믈라카해협 등 세계 곳곳에서 해협과 운하는 역사의 한 획을 그으면서 정치적, 경제적 흥망성쇠의 핵심 역할을 했고 지금도 하고 있다. 최근 부상하는 북극항로 중 북동항로와 북서항로[5] 역시 하나의 해협 개념으로 볼 수 있으며, 향후 아시아와 유럽을 연결하는 경제적 지름길이자 군사적 전략 지역으로 그 주도권 확보를 두고 주목을 받고 있는 상황이다.

이렇듯 해협과 운하의 중요성은 매우 큰데, 과거에는 정치적 비중이 더 컸다면 근대에 들어오면 최소한 표면적으로는 무역의 길목으로서의 역할, 즉 경제적 요인에 좀 더 비중을 두게 됐다. 자연 해협과 운하가 부족해지자 인간은 수에즈 운하, 파나마 운하 등 직접 땅을 파고 운하를 만들어 무역의 길을 연결해 교역을 통한 이익을 극대화하는 중이다. 현재 크라 운하나 북극항로 등은 그 중요한 도약의 변곡점에 놓여 있다. 만약 서남아시아와 동남아시아를 연결하는 믈라카해협 대신 크라 운하가 완공되면 싱가포르의 운명은 어떻게 될까, 또 북극항로가 상용화된다면 기존 아시아-유럽 항로의 해상 물류 거점이던 홍콩과 싱가포르의 운명은 또 어떻게 될까 하는 의문이 생긴다. 운하의 개발과 새로운 해협이나 항로의 이용은 단순히 한 국가나 단일 지역이 아니라 전 세계에 정치적, 경제적으로 영향을 미칠 만큼 파급력이 있는 것이다.

한편 해당 운하와 해협의 길목을 지킨다는 것은 한 도시 혹은 나라의 흥망성쇠를 좌지우지할 만큼 강력한 것이다. 대표적인 사례가 서남아시아와 동남아시아를 연결하는 믈라카해협을 지키는 싱가포르다. 싱가포르는 믈라카해협의 입구에 위치한다. 믈라카해협을 통하지 않으면 수천 킬로미터의 험한 바닷길을 돌아가야 하므로 이 해협은 경제적 운항을 위해 꼭 통과해야 하는 전략적 지름길이다. 이러한 해상무역로의 길목에 리콴유(李光耀, 후에 싱가포르 초대 총리가 됨)라는 화교 출신 변호사가 싱가포르라는 도시를 건설하고 지금의 세계적인 국가로 키웠다. 싱가포르는 인구 600만 명의 작은 도시국가지만, 세계적인 경제 강국이며 해운 비즈니스를 기반으로 세계 1, 2위를 다투는 항만을 건설하여 다양한 무역·금융·물류 산업을 연결해 현재의 모습으로 성장했다. 그런데 만약 싱가포르 위쪽에 있는 크라 운하가 열리게 되면 또 다른 싱가포르의 탄생이 예상되고 싱가포르의 미래는 암울해질 가능성이 높다. 그래서 싱가포르는 미국의 힘에 의지해 해당 사업의 추진을 저지할 수밖에 없지 않을까 하는 생각을 하게 된다.

또한 세계를 주도하는 국가에 운하의 주도권을 빼앗겼던 이집트(수에즈 운하)와 파나마(파나마 운하)는 싱가포르처럼 큰 성장을 이루지는 못했다. 아마 해당 운하에 대한 기존 국가의 영향력이 남아 있기도 하고 국가의 부패 등으로 인한 내부 요인이 있기도 하겠지만, 분명한 것은 두 나라 역시 해당 운하를 통해 엄청난 경제적 이익을 취하고 있다는 것이다.

그렇다면 해협과 운하는 우리나라와 어떤 관계가 있고, 우리에게는 어떤 기회가 있을까? 우리나라는 삼면이 바다이고 서해는 중국과 무역으로, 남해는 아메리카와 유럽을 오가는 세계의 간선항로와 면한다. 반면 동해는 한반도의 단절, 중국의 동해 출해구 봉쇄, 러시아의 극동 지역 소외, 일본의 태평양 연안 중심 개발 등으로 침묵의 공간으로 남아 있다. 그러던 동해가 남북 화해 분위기(현재는 단절 상태), 러시아의 극동 지역 개발을 위한 신동방정책, 북극항로의 상용화 가능성 증가 등으로 인해 많은 사람의 기대를 품게 하고 있다. 크게 보면 동해는 북극항로가 기존의 세계 간선항로와 연결되는 곳으로, 러시아 사할린과 일본 홋카이도 사이의 소야(Soya) 해협과 우리나라 부산과 일본 쓰시마섬 사이의 대한해협을 통과하는 전략적 운하이자 해협의 개념으로 부상할 가능성이 높다.

부산항은 세계 선두권의 컨테이너 항만으로 아시아에서는 중국 항만을 빼면 싱가포르와 부산항만이 세계 10위권의 지위를 유지하고 있다. 인구 14억 명을 기반으로 자국으로 수출입되는 화물이 엄청난 중국의 항만이 세계 10위권에 있는 것은 당연하지만, 부산항은 어떻게 세계 5위권에 들 수 있었을까? 그 답은 앞에서도 언급했듯이 부산항이 유럽과 미국으로 가는 세계의 간선무역로에 위치하기 때문이다. 즉 중국의 동북 지역 항만과 일본의 서안 지역 항만이 부산항을 통해 세계로 화물을 실어 보내기 때문이다. 부산항에는 전 세계 어디로든 갈 수 있는 선박이 들어오기에 신속, 저렴하게 화물을 보낼 수 있다. 그래서 부산항이 처리하는 화물의 50퍼센트는 우리 국민이 소비하거나 생산하는 수출입 화물이 아니라 중국, 일본 그리고 동남아시아에서 오는 환적(換積) 화물이다.

그런데 부산은 아직 싱가포르와 같은 위치로까지는 성장하지 못했다. 이유는 많겠지만 중요한 이유 중 하나는 바로 부산이 접하는 동해 지역의 침묵 때문이다. 이 문제는 부산만의 문제가 아니다. 울산, 포항, 동해, 속초 그리고 북한의 원산, 청진, 나진 등 환동해권 항만 역시 이러한 이유로 글로벌 항만도시가 되지 못하고 지역 항만도시로 남아 있다.

이제 한반도는 유라시아 대륙으로 연결되는 꿈을 꾸고 있다. 철도와 도로를 통해 한반도가 유라시아 대륙과 연결되고 사람과 화물이 자유롭게 오고가는 꿈을 꾸고 있는 것이다. 그런데 해협과 운하의 역사가 말해주듯 세계 경제의 많은 것이 물길을 통해서 움직인다. 한반도를 유라시아 대륙과 육상으로 연결하는 것도 중요하지만, 세계 경제의 흐름을 주도할 해상로에도 관심을 가져야 한다. 또 항로뿐 아니라 그 중심에 있는 항만도시에도 집중할 필요가 있다. 북한의 개방, 중국 동북 2성의 동해 출해구 확보, 극동러시아의 경제 활성화 그리고 북극항로의 상용화 등이 맞물려 발생할 경우 동해는 과거의 지중해 그리고 동남아시아의 믈라카해협이 될 것이다.

그러면 우리의 부산, 울산, 포항, 동해, 속초 그리고 북한의 원산, 청진, 나진은 어떤 모습으로 성장해 나가야 할까? 그에 대한 철저한 준비가 필요하다. 한 예로 부산항은 남북경협이 활성화되고 한반도의 육상 물류 인프라가 유라시아 대륙으로 연결되면 유라시아 랜드브리지(Land-bridge)가

되어 유라시아와 동북아시아, 미주 지역을 연결할 수 있고, 북극항로가 상용화되면 북유럽과 동아시아의 물류 중심지가 될 수 있다. 그리고 환동해권에 속하는 우리나라와 북한, 극동러시아 그리고 일본 서안의 항만을 근거리 항로로 묶어서 연결하는 물류 중심지도 될 수 있다. 즉 부산은 이런 세 가지 큰 물류가 모두 교차하는 중심지가 될 수 있기에 단순한 물류 허브가 아니라 싱가포르처럼 물류, 무역, 금융, 관광, 비즈니스 등이 모두 융합되는 도시로 성장할 수 있을 것이다.

물론 이런 기회는 부산만의 기회가 아니라 환동해권의 모든 항만도시에 마찬가지로 제공될 것이다. 따라서 지금 우리에게 주어진 숙제는 역사 속의 해협과 운하가 주는 교훈을 좀 더 넓은 시각에서 잘 이해하고 분석해 한반도와 유라시아 대륙 그리고 환동해 지역이 어떤 형태로 미래의 시간을 개척해 나갈지, 그 길을 빨리 찾아내는 것이다.

매력과 불안이
넘치는
북극항로

'지구온난화의 혜택'이라는 역설적인 말로 표현되는 북극항로(Northern Sea Route)는 북극의 미개발 부존자원과 아시아-유럽 간 단거리 무역로를 무기 삼아 새로운 시대의 게임 체인저로 떠오르고 있다. 실제로 동북아시아와 유럽을 연결하는 북동항로(Northeast Passage)는 기존의 수에즈 운하를 통과하는 항로와 비교했을 때 부산-로테르담 구간 기준으로 거리는 7000킬로미터, 시간은 9일 정도 단축할 수 있다.[6] 이러한 이유로 한국, 중국, 일본 삼국뿐만 아니라 아시아의 주요국 그리고 유럽 여러 나라가 해당 항로를 이용하기 위해 노력을 기울이는 중이다. 일부 전문가는 이러한 현상을 미국 서부개척시대의 골드러시(gold rush)에 빗대어 콜드러시(cold rush)라고 언급하면서 북극항로에 관심을 쏟고 있다.

북극항로 중 북동항로는 대부분의 항로 구간이 러시아 연안을 통과하는데, 그에 따라 러시아를 중심으로 북유럽 연안국인 노르웨이, 덴마크, 아이슬란드 그리고 이 항로의 최고 혜택을 기대하는 한국, 중국, 일본이 콜드러시의 금맥을 찾는 주인공이다. 물론 미국과 캐나다 역시 북극항로의 다른 쪽인 북서항로(Northwest Passage)에 많은 관심을 가지고 있으나 국가 정책이 환경 중심적이고 해상항로의 거리 단축 효과가 낮다는 등의 이유로 현재 북극항로의 주요 관심 대상은 우리나라와 연결되는 북동항로다.

우리나라 부산항에서 유럽의 로테르담항까지 가는 데 남방항로(수에즈 운하 이용)를 이용하면 28일 정도 소요되고, 유라시아를 관통하는 TSR(Trans-Siberian Railway, 시베리아횡단철도)을 이용하면 15일 정도 소요된다. 반면 북극항로(이하 북동항로를 의미함)를 이용하면 18~19일 정도 걸린다.[7] 일반적으로 비용 면에서 해상운송은 육상운송과 비교했을 때 지역의 특성 등에 따라 차이는 있으나 적게는 두세 배, 많게는 다섯 배 이상까지 절감할 수 있고 시간 면에서는 앞에서 언급한 정도의 차이가 난다. 따라서 북극항로는 시간적으로는 시베리아횡단철도의 장점을, 비용 면에서는 남방항로의 장점을 취할 수 있어 미래 유럽-아시아 무역로로 크게 주목받고 있는 것이다. 특히 최근 2만 TEU급의 초대형 선박 발주로 해상운송은 규모의 경제 실현과 함께 더욱 육상운송과의 가격 경쟁력에서 우위를 점하고 있다. 즉 북극항로는 시간 소요의 약점을 극복하고 저비용이라는 강점을 이유로 매력 넘치는 대상이 되고 있다.

그러나 세상의 모든 이치가 그렇듯 달콤한 열매를 쉽게 얻을 수는 없다. 북극항로 역시 많은 고민과 노력이 있어야 이용할 수 있다. 북극항로

북극항로(북동항로)와 남방항로(수에즈 항로)의 거리 비교

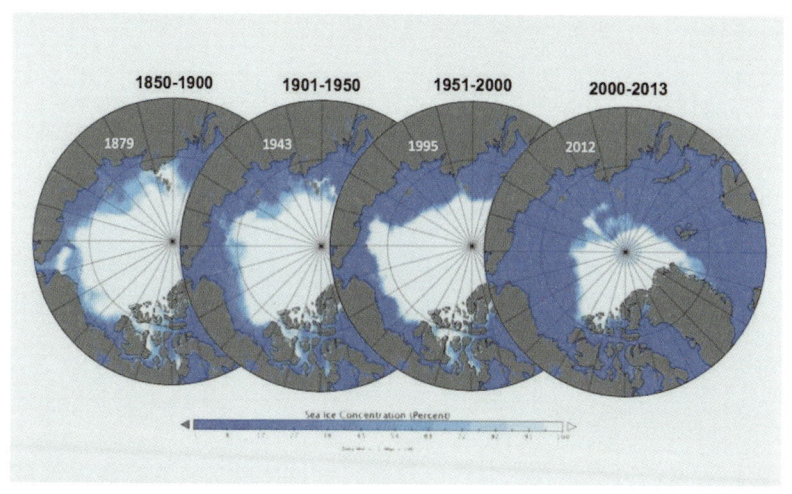

지난 1세기 동안 녹은 북극의 빙하 면적 비교(9월 기준)
출처: F. Fetterer/National Snow and Ice Data Center, NOAA

는 1970년대 이후 북극 지역의 빙하가 빠르게 녹아내리면서 그 길을 허락하기 시작했다. 물론 19세기 후반 러시아의 탐험가들이 이 항로를 열기는 했으나 당시만 해도 이곳은 그들만의 미지의 영역이었다. 지구온난화의 영향으로 현재는 대략 5월에서 9월 사이에는 쇄빙선 없이도 이용이 가능하다. 물론 이런 계절적 이용만으로는 해운기업의 경제성을 확보할 수 없다. 그래서 일시적 자원 운송이나 국가적 시범 운송 차원에서 북극항로 이용이 이루어지고 있다. 경제성을 확보하려면 대략 3월부터 11월까지, 즉 9개월 이상 운항이 가능해야 한다. 그래야 말 그대로 콜드러시가 시작될 것이다.

그러나 북극항로 이용은 단순히 빙하가 녹기만을 기다린다고 해서 해결되는 것이 아니다. 북극은 환경적으로 매우 민감한 지역이고 극한 환경으로 인류의 접근이나 생활이 곤란한 공간이므로 대상 지역을 파괴하지 않고 안전하게 이용할 수 있는 지속 가능한 이용 방법에 대한 고민이 필요하다.

인류가 본의 아니게 이용하게 된 북극항로를 오래도록 잘 활용하기 위해서는 우선 이 항로가 가진 문제점이나 장애물 등에 대한 깊은 이해가 필요하고, 그 해결책을 지속적으로 강구해야 한다. 북극항로의 문제점은 매우 많다. 자연 환경 면에서는 랍테프(Laptev)해협의 낮은 수심, 영하 40도 아래로 내려가는 추운 날씨, 빙하가 녹아서 발생하는 기후변화와 아이스 볼(ice ball) 고속 해류,[8] 원주민의 생활 기반 파괴 등이 대두된다. 인위적인 면에서는 통과 선박을 지원하기 위한 쇄빙선 부족, 항로 통과와 선박 지원을 위한 중간 기착 항만 부족, 인재 발생 시 구난·구호 시설과 인력 부족, 러시아 북극 연안의 화물 집적을 위한 기반 시설 부족 그리고 해당 항로를 통과할 선박과 이를 운영할 훈련된 선원 부족 등 수많은 문제가 있다. 또한 단순한 북극항로 이용만이 아니라 지속 가능한 개발과 이용을 위해서는 북극이라는 환경 민감 지역을 통과하는 선박으로 인한 대기오염, 수질오염 등을 방지하기 위해 사용 연료를 제한한다든가, 선박 사고 방재 등에 대한 엄격한 기준이 적용돼야 한다. 이렇듯 북극항로는 많은 문제를 가지고 있고 이를 해결하기 위한 현명한 인류의 고민이 필요하다.

최근 북극항로를 이용하기 위한 러시아, 중국 등 세계열강의 적극적인 진출과 관심이 표출되고 있다. 북극해 지역에는 아직 인류가 개발하지 않은 미채굴 자원의 20~30퍼센트가 있다. 따라서 자원을 확보해야 하거나 해당 자원을 팔아야 하는 국가로서는 이 지역의 개발에 정책의 우선순위를 둘 수 있다. 그러나 자원 확보와 수출을 위해 북극해의 환경을 훼손할 경우 되돌릴 수 없는 재앙이 인류에게 찾아올 수 있다. 그래서 북극항로 이용은 더욱 신중해야 하고 시간을 두고 접근해야 한다. 북극항로 이용에 적극적인 러시아, 중국, 한국, 노르웨이 등에 비해 미국, 캐나다, 덴마크 등은 상대적으로 소극적이며 환경 친화적 관리를 우선하는 경향이 있다. 물론 그 이면에는 정치적 이유도 있겠지만 큰 틀에서는 북극항로를 통한 북극해의 환경 파괴에 대한 우려와 함께 신중한 접근을 하고자 하는 것이다.

이러한 의견을 반영해 국제해사기구(IMO, International Maritime Organization)는 '폴라 코드(Polar Code)'[9]라는 북극항로 이용 지침을 마련했다. 국제해사기구는 북극항로 이용에 대해 환경의 총량에서 고민해야 한다고 생각했다. 현재 세계 각국은 지구온난화의 주범인 이산화탄소 전 세계 발생량의 3.3퍼센트가 해상운송이 원인이므로 2050년까지 70퍼센트의 이산화탄소 발생량을 줄이고자 노력하고 있다.[10] 북극항로 이용은 연료 소모와 이산화탄소 발생량을 40퍼센트나 줄일 수 있어 주요한 환경 개선 요인이 되지만, 환경 민감 지역인 북극항로에서 오염을 유발하거나 사고가 생기면 문제는 더 커진다. 따라서 환경 개선 효과를 극대화하고 리스크 요인을 최소화하기 위해 국제해사기구가 노력을 기울이고 있는 것이다.

최근 북극항로의 환경적, 경제적 이용을 동시에 추구하기 위한 새로운 아이디어가 등장했다. 북극항로와 4차산업 기술의 접목이다. 어떻게 보면 서로 연결되지 않을 것 같은 조합이지만, 좀 더 생각하면 그 연계성에 대해 쉽게 이해가 될 것이다. 일반적으로 운송수단 사고의 원인은 인재가 80퍼센트 이상이라는 통계가 있다. 그래서 무인 차량 개발이 진행 중인데, 사고를 줄여서 생명 보호와 경제 손실을 줄여보자는 것이다. 선박도 예외가 아니다. 최근 우리나라 선박 사고의 대부분이 선장 혹은 선원의 일탈이나 부주의 때문이었고, 이로 인해 엄청난 대가를 지불했다. 이러한 차원에서 북극항로에 관심을 가진 주요 국가는 북극항로 이용에 무인 선박을 투입하고자 기술 개발과 실용화에 노력하고 있다. 극한 지역이라 선원의 탑승 자체가 힘들고, 사고가 나면 절대로 안 되는 이 지역에 무인 선박을 통한 운행은 어떤 면에서 필수불가결한 사항일 수 있다.

또한 선박이 있으면 항만과 배후 물류 시설이 있어야 한다. 이 역시 4차산업 기술을 통해 자동화, 무인화가 진행 중이다. 북극해 연안의 항만은 더더욱 4차산업 기술이 접목된 스마트 항만이어야 한다. 자율 운항 선박, 무인 하역 장비와 트럭, 인공지능(AI)에 의한 항만 운영과 관리, 사물인터넷(IoT)을 통한 자체 화물 인식, 보관과 처리 등이 가능한 4차산업 기술을 결집한 공간이다. 인류가 거주하기 어려운 공간에 4차산업 기술을 통해 스마트 항만과 물류 센터 등이 그 역할을 할 수 있게 된다. 그리고 4차산업 기술 적용에 가장 큰 장애물인 일자리 소멸에 따른 기득권층의 저항이나 기존 인프라 파괴가 필요 없다는 장점도 있다. 이러한 점에서 북극항로 상용화에 필요한 다양한 장비, 시설 그리고 시스템이 현재 우리가 개발했거나 개발 중에 있는 4차산업 기술로 대체가 가능하고, 이것이 북극항로의 상용화를 앞당길 수 있는 방법이 된다.

시장은 소비자가 원하는 방향으로 흐른다

정보 플랫폼의 성장, 소비자가 무엇을 원하는지 파악하라

블록체인, 물류를 혁신하다

성장하는 전자상거래, 변화하는 물류 체계

'박스'가 가져온 물류의 빛과 그림자

글로벌 에너지 패러다임을 읽어라

포스트 코로나를 대비하라

세계가 변했다,
물류가
달라졌다

시장은
소비자가 원하는
방향으로 흐른다

코로나19(COVID-19, 코로나바이러스감염증)는 우리 모두의 생활을 바꾸어 버렸다. 시장이나 대형마트에 직접 가서 장을 보던 사람들은 접촉의 위험을 줄이기 위해 온라인 쇼핑으로 구매 패턴을 변경했고, 가능한 한 비대면 접촉을 통해 소비 생활을 하고 있다. 그러나 코로나19와 같은 감염병이 오기 전부터 스마트폰을 통한 우리의 소비 패턴은 이미 변화하고 있었다. 1인 가구가 많아지고 옴니채널(omni-channel)[1]을 통해 오프라인에서 쇼핑하고 온라인에서 구매하는 실용적인 소비자가 증가하면서 우리 주변의 교통 수요가 물류 수요로 크게 바뀌는 현상은 거의 10년 전부터 진전되고 있는 중이다. 소비자가 직접 차를 몰고 가서 물건을 사오는 교통 수요가 상점이나 물류 창고에서 택배 차량을 통해 물건을 배달해주는 물류 수요로 빠르게 바뀌고 있는 것이다. 1인 가구 증가, 개인주의 심화, 편리성 강화 등으로 소비자는 내가 필요한 상품이 필요한 양만큼, 필요한 시점에 내가 있는 곳으로 배달돼 오기를 바라게 된 것이다. 이러한 현상은 최근 이마트나 롯데마트 등의 오프라인 매장에 대한 본격적인 구조조정이 증명해주고 있다. 대형 오프라인 유통 기업이 소비자의 니즈를 제대로 읽지 못했거나 그 변화의 속도를 정확히 측정하지 못했기 때문에 직면하는 상황이다.

이처럼 위기에 처한 우리나라의 대형 유통 기업과 달리 과거부터 소비자의 니즈와 시장의 흐름을 파악해 자신들의 시장을 주도했던 기업들이 있다. 이들은 특히 자신들이 가지고 있는 기업 물류 전략을 혁신해 새로운 경쟁력으로 전환했다. 우리가 익히 아는 토요타(TOYOTA) 자동차는 JIT(Just-In-Time)라는 개념을 물류·유통 분야의 주요 기업 운영 개념으로 만들었고, 이를 기반으로 토요타를 한때 세계 1위의 자동차 회사로 만들기도 했다. 스웨덴의 제조업체인 이케아(IKEA)는 DIY(Do It Yourself)라는 개념을 토대로 가구가 가지는 가장 큰 단점 중 하나인 대형 가구의 운송을 소비자 스스로 하고 스스로 조립하도록 하는 아이디어로 세계를 제패했다. 또 최근 우리나라 온라인 유통 시장에서 콜드체인 강자가 되고 있는 마켓컬리(Market Kurly) 역시 소비자가 원하는 시간에 원하는 양만큼 신선하게 배송하는 샛별배송이라는 개념을 통해 시장을 확장하고 있다. 그들의 기업 목표가 일반적인 기업이 가지고 있는 '매출 증대'가 아니라 '고객 만족'이라는 점이 시장에서 마켓컬리가 돌풍을 일으키면서 대기업을 이기는 힘이 되고 있는 것이다.

토요타의 혁신을 일으킨 기업 물류 전략은 JIT라는 적기 공급 생산이다. 이는 재고를 쌓아두지 않고도 필요한 때 제품을 공급하는 생산 방식이다. 즉 팔릴 물건을 팔릴 때 팔릴 만큼만 생산해서 파는 방식이다. 다품종 소량생산 체제 구축 요구에 부응해 적은 비용 아래 품질을 유지하여 적시에 제품을 인도하기 위한 생산 방식이다.[2]

토요타 경영 방식의 뿌리 깊숙한 곳에는 경영자였던 도요타 기이치로(豊田喜一郎)가 자리하고 있다. JIT라는 발상을 제일 먼저 한 사람 역시 도요타 기이치로였다. 1921년 그는 영국 런던 세인트팽크러스(St. Pancras)역에서 열차를 놓치게 됐다. 이때 그는 다음과 같은 생각을 했다고 한다. '그렇구나. 열차가 정시에 출발하면 1분이 아니라 1초가 늦어도 열차를 탈 수 없구나. 다음 열차를 타기 위해서는 몇 시간이나 기다려야 한다. 바로 이것이 말 그대로 저스트 인 타임(Just in Time)이로구나. 이것을 공장에 응용할 수는 없을까?' 이 경험은 그가 토요타를 경영할 때 응용됐다. "여러분도 기차 시간에 늦어본 적이 있다고 생각합니다. 마차 같으면 달려가서 탈 수 있으나 기차는 1분이라도 늦으면 탈 수가 없습니다. JIT란 단순히 시간을 맞추는 것이 아닙니다. '필요한 물건을, 필요한 때, 필요한 양만큼'이라는 뜻입니다." 즉 기차를 놓친 경험을 그냥 잊지 않고 고민을 통해 토요타의 생산 체계에 맞는 새로운 방식으로 확대 적용한 것이다. 이를 통해 토요타는 재고품을 쌓아두는 창고를 없앴고, 구입 부품 대금을 지불하기 전에 제품을 판매할 수 있게 되어 최종 운전 자금을 지출할 필요가 없는 혁신을 달성하게 된 것이다.[3]

한편 이케아는 창업자인 잉바르 캄프라드(Ingvar Kamprad)가 17세이던 1943년 펜, 지갑, 액자와 같은 가정용품을 판매하면서 처음 시작됐다. 잉바르가 어린 시절을 보낸 스웨덴의 스몰란드(Småland) 지역은 암석으로 뒤덮인 척박한 땅이었고 많은 거주민이 검소하고 혁신적이며 '합리적인' 방식으로 삶을 살아가는 것으로 유명했다. 이는 그가 일하는 방식이 됐고 모든 성공의 밑거름이 됐다. 예를 들어 잉바르는 '우편으로 부피가 큰 가구를 판매하는 것은 쉽지 않다. 비용이 많이 들기도 하고, 운송 과정에서 제품이 파손되는 일도 자주 일어난다'는 점을 고민하기 시작했다. 그 후 처음으로 1956년 이케아는 뢰베트(LÖVET) 테이블의 다리를 분리해 배송하기 시작했고, 이 아이디어가 DIY 개념과 플랫팩(flat pack)[4] 포장으로까지 이어지게 됐다. 현재 이케아의 경영철학은 '좀 더 많은 사람을 위해 멋진 디자인과 기능의 다양한 홈 퍼니싱 제품을 합리적인 가격에 제공한다'인데, 이는 보관과 운송 과정에서 비용을 절감했기 때문에 가능해진 것이다.

최근 혁신적인 물류 아이디어로 혁신을 일으키는 우리나라 기업 마켓컬리는 신선 식재료 배송에 특화된 온라인 유통업체다. 마켓컬리의 김슬아 대표는 국내외 온라인 유통 시장에서 채소와 해산물 등의 신선 식품 배송 서비스의 침투율이 낮다는 점과 평소 건강과 식재료에 대한 깊은 관심을 기반으로 2015년 신선 식재료 배송에 특화된 마켓컬리를 설립했다. '샛별배송'이라는 차별화된 물류 서비스를 채택해 전날 주문한 식품을 다음 날 아침까지 배송하는 새벽 배송 서비스를 실시하고 있는데, 냉장 배송의 전문화 및 효율화라는 쉽지 않은 냉장 배송 시스템의 경쟁력을 바탕으로 시장을 키우고 있다. 현재 풀 콜드체인 시스템과 효율적 운송 관리를 기반

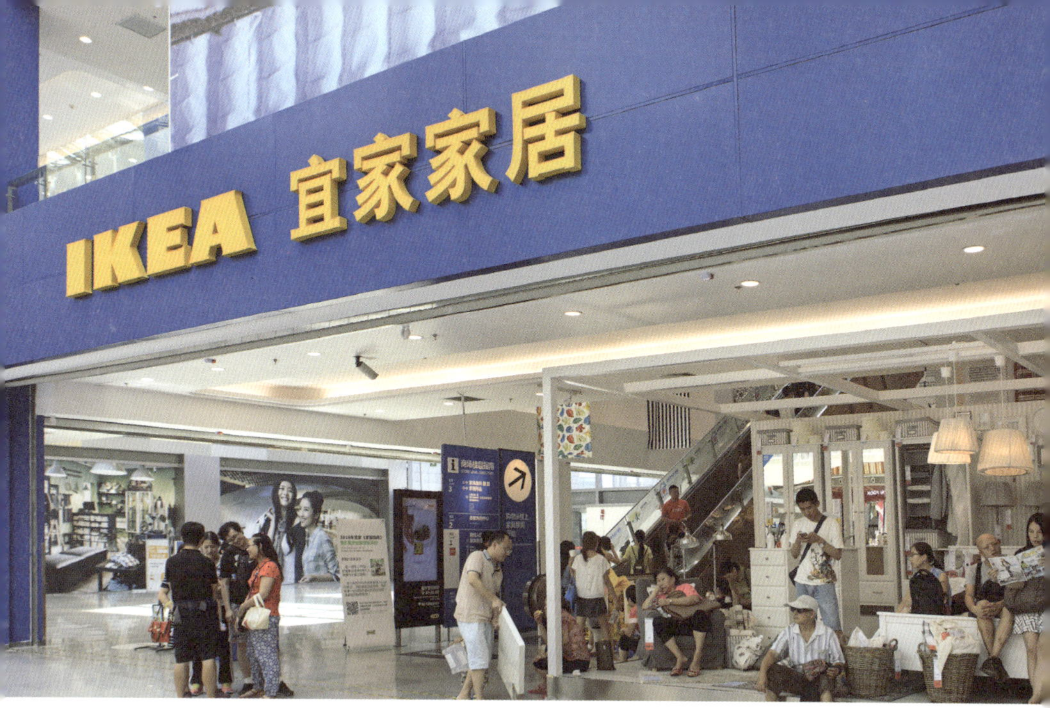

IKEA 宜家家居

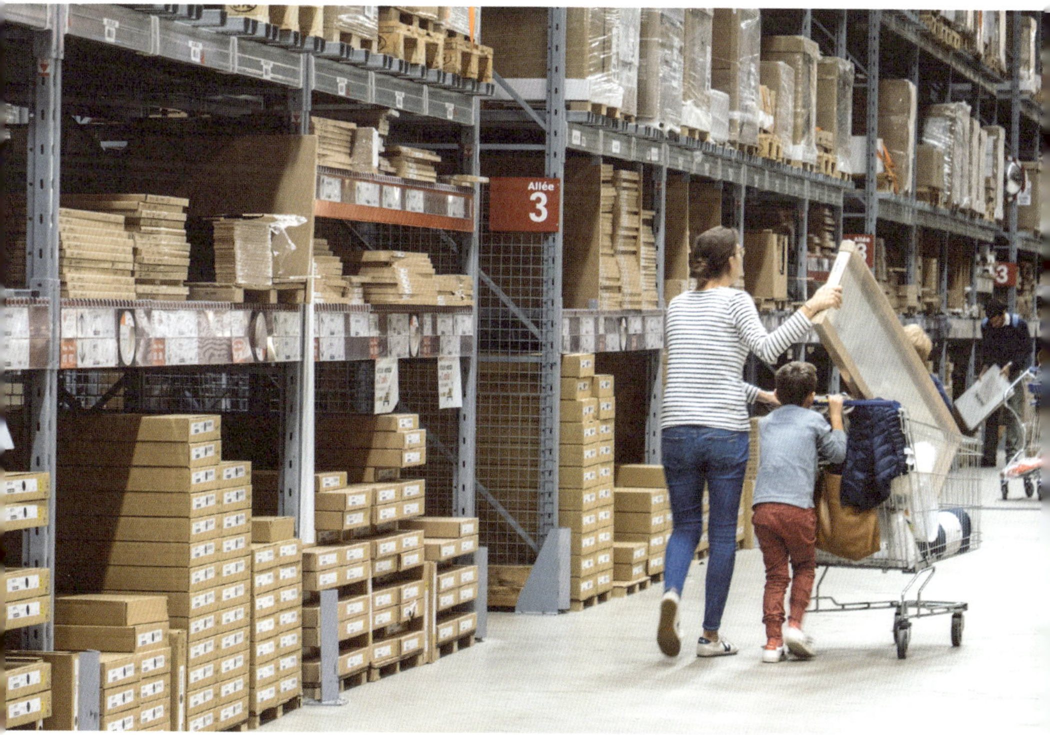

Allée
3

으로 고성장 중이며, 자체 보유한 풀 콜드체인 시스템을 기반으로 동사에서 판매되는 신선 식품의 직거래 및 철저한 선입 선출 재고 관리와 배송이 이루어지고 있다.

마켓컬리의 목표는 매출 증대가 아닌 '고객 만족'이다. 이를 위해 창업 초기 판매하던 열여섯 개의 식제품에 푸드 스타일링 사진 기법을 적용하는 등 경쟁사와 차별화된 전략을 활용했으며, 이는 인스타그램의 성장과 함께 매출 증대로 이어졌다. 또한 긍정적인 브랜드 이미지를 제고하기 위해서는 생산자, 상품 개발자, 소비자 간에 열정적인 소통이 이루어져야 한다고 판단해 상품 개발자와 함께 생산자를 방문하여 식재료를 직접 선정하며, 동시에 매일 아침 전 직원이 고객의 구매 후기와 패턴을 분석해 적극 반영하는 등 신선 식품 소비자의 긍정적인 구매 경험을 위해 노력하고 있다. 김슬아 대표는 배송 서비스의 품질은 배송원의 친절함보다 '제품의 신선도와 정시 배송에 의해 결정된다'고 생각하며, 이것이 궁극적으로 기업의 경쟁력이라고 강조한다.

현재 세상은 과거 산업자본주의에서 벗어나 소비자본주의로 가고 있다.[5] 앞에서 언급한 기업들 중 토요타의 경우는 조금 다르나 대부분 소비자 중심 자본주의로의 변화를 정확히 파악하고 그 흐름에 맞추어 기업을 경영하고 있다. 이제는 소비자가 원하는 방향으로 시장이 흐르고 기업도 이를 따라야 생존할 수 있다. 그리고 그 변화의 중요한 동력원은 물류다.

현재가 변해서 미래가 된다. 토요타의 JIT 개념은 글로벌 제조 기업이나 물류 유통 기업에 불변의 진리처럼 SCM(Supply Chain Management, 공급망 관리)과 물류의 관리 전략 차원에서 자리매김을 했으나, 이후 2011년 동일본대지진, 태국 홍수, 미·중 무역 분쟁, 감염병 창궐 등 통제 불가능한 리스크의 출현으로 그 개념의 한계가 드러나게 됐다. 결국 이러한 문제를 해결하기 위한 대안으로 물류 전략인 '탄력성 회복(resilience)'[6] 등 유연성 중심의 새로운 리스크 관리 물류가 조명을 받고 있다. 아직 그 명성을 떨치고 있는 이케아의 DIY 개념이나 새롭게 부상하는 마켓컬리의 샛별배송 등도 계속 변화하고 진화하는 소비자의 니즈에 맞춰 빠른 대응 전략을 제대로 만들어 나가지 못하면 언젠가는 JIT와 같은 전철을 밟을 가능성이 높다. 미래 예측은 쉽지 않다. 현재에서 그 실마리를 잘 찾아 반 발짝 정도 앞서가는 것이 어쩌면 미래에 대한 가능한 예측일 것이다. 그리고 그 변화의 흐름을 알려주는 가늠자와 동력원 역할은 언제나 그랬듯이 물류에서 찾을 수 있을 것이다.

정보 플랫폼의 성장,
소비자가 무엇을 원하는지
파악하라

4차산업 기술은 2016년 세계경제포럼(WEF, World Economic Forum)에서 회장인 클라우스 슈바프(Klaus Schwab)가 '4차산업혁명(Fourth Industrial Revolution)'이라는 용어를 언급하면서 본격적으로 조명을 받게 됐다. 이때부터 3차산업 기술로 지칭되는 정보통신기술(ICT) 기반의 새로운 산업 시대를 대표하는 용어가 됐다. 실질적으로 컴퓨터, 인터넷으로 대표되는 3차산업 기술에서 한 단계 더 진화한 기술이지만, 우리나라에서는 4차산업 기술을 진화 과정이 아니라 완전히 새로운 개념의 등장으로 인식하는 경우가 많아서 종종 해당 용어의 본질을 왜곡해 받아들이기도 한다. 물론 4차산업 기술의 적용이 가장 빈번한 물류산업에서도 이러한 현상이 두드러진다. 단순히 4차산업 기술로 언급되는 인공지능, 사물인터넷, 클라우드 컴퓨팅(Cloud Computing), 자율주행, 빅데이터(Big Data) 등 지능정보 기술을 물류산업에 물리적으로 접목하는 데 초점을 두는 듯하다.

최근 4차산업 기술을 장착한 IT 기업이 세계 시장을 주름잡고 있다. 이 현상은 2006년과 2017년 세계 시가총액 상위 5위 기업의 구성을 보면 잘 알 수 있다. 2006년 세계 시가총액 상위 기업은 엑손, GE, 마이크로소프트, 시티은행, 뱅크오브아메리카로 에너지·제조·금융 기업이었으나, 2017년에는 애플, 알파벳, 마이크로소프트, 아마존, 페이스북으로 전부 IT 기업이다. 게다가 그중 대다수는 고객의 감성에 기반을 둔 IT 기업이다. 지금 세계 시장을 주도하는 기업은 4차산업 기술과 고객의 정보를 감성적 관점에서 연결, 가공, 활용하는 기업이다. 이들 기업은 뇌에 해당하는 정보, 심장에 해당하는 감성 그리고 근육에 해당하는 장비를 조합해서 진화하고 있다고 봐야 한다. 과거 단품종, 대량생산에 치중하던 화주 중심의 생산 체계가 다품종, 소량생산 체계의 소비자 중심으로 바뀌면서 소비자의 니즈에 맞추기 위해 기존 정보 기술과 감성 요인이 합쳐지면서 성장한 기업이다.

그러나 우리나라의 기업은 과거 소프트웨어보다 하드웨어에 치중했던 것처럼 현재도 기술과 장비 개발에 집중하고 정보와 연결된 감성 요인에 대한 접근이 미흡한 것으로 보인다. 특히 4차산업 기술 접목을 통한 사업화 속도가 빠른 유통·물류 시장과 같은 실물시장에서 이러한 이유로 생존의 기로에 서 있는 기업이 많다. 한 예로 우리나라 기업은 아니지만 한때 세계 모바일폰 시장을 주름잡았던 노키아, 컴퓨터 장비의 1인자 HP는 이제 과거의 기업으로 우리 기억에서 사라지고 있다.

이런 기업의 실패 원인은 여러 가지가 있겠으나, 정보 기술로 대표되는 뇌 기능의 문제보다 소비자의 니즈를 읽지 못한 심장 기능이 문제라는 것은 익히 알려진 사실이다. 그다음은 삼성전자, 마이크로소프트 등이 이 길을 갈 수도 있다는 우려스러운 전망도 이런 맥락에서 나온다. 한 예로 삼성과 애플의 시장 점유율을 보면 삼성이 우위에 있으나 매출액 대비 수익 점유율에서는 애플의 확실한 우위를 확인할 수 있다. 이는 양사의 기술 차이보다 감성 정보에 대한 접근에서 애플이 앞서기 때문이라고 해석할 수 있다. 애플은 자체 생산 공장이 없는 글로벌 공급사슬 체계를 통해 생산 단계에서 저비용 구조를 유지하는 대신 투자비의 상당 부분을 디자인 등 고객의 감성 전략에 투자한다. 이는 소비자의 심장, 즉 감성에 초점을 두고 상품을 만들어간다는 것이라고 볼 수 있다.

한편 최근 글로벌 시장에서 가장 주목할 기업은 정보 플랫폼 기업이다. 아마존, 알리바바로 대표되는 정보 플랫폼 기업과 이와 경계가 모호한 구글 그리고 페이스북은 고객의 니즈, 즉 감성을 이해하기 위해 정보를 모으는 데 노력의 대부분을 쏟아붓고 있다. 또한 공유 개념을 통해 성장해 나가는 공유 택시 우버(Uber)나 세계에서 가장 큰 숙박 공유 서비스 업체인 에어비앤비(Airbnb)는 기본 사항인 차량이나 부동산 없이 수익을 창출하기 위해 고객의 니즈를 파악하는 감성 정보 연계 비즈니스 모델을 추구한다. 결국 4차산업 기술은 감성 연계 정보를 통해 소비자의 니즈를 제대로 파악하고 대체할 수 있어야 제대로 된 기술이 될 수 있어 최근 IT 기업은 정보 플랫폼을 통해 소비자의 니즈를 맞추기 위해 초연결(hyperconnectivity)과 초지능(superintelligence) 기술을 접목하고 있다. 이는 기존의 산업혁명에 비해 더 넓은 범위(scope)와 더 빠른 속도(velocity)로 확산하고 성장하기 때문에 이 정보 플랫폼을 선점하는 기업이 주도권을 계속 가질 수밖에 없을 것으로 보인다.

결국 현대 물류산업이 추구하는 소비자 맞춤형 전략은 규모와 범위의 경제를 추구해야 하는데, 초연결과 초지능을 감성에 접목한 유통·물류 정보 플랫폼 기업이 승자독식 구조로 갈 수밖에 없는 것이다. 대표 기업인 아마존과 알리바바가 구축한 정보 플랫폼은 이미 유통·물류 시장을 장악하고 주변부 시장까지 수직 그리고 수평으로 통합 및 연계하고 있다. 이 두 기업은 이미 자체 정보 플랫폼을 활용해서 포워딩과 같은 물류 서비스를 직접 하고 선박 예약 서비스 등을 수행하고 있다(표1). 고비용이 소요되는 선박이나 항공 운항은 협력 기반의 플랫폼 연계 서비스를 통해서, 저비용이 소요되는 분야는 직접 참여하거나 플랫폼의 종속적 연계를 통해서 상품의 공급사슬 관리를 주도한다.

이미 아마존은 2014년 4월 운송비 절감을 위한 자체 물류 서비스를 도입했고, 2015년 약 10억 개의 자사 물품을 직접 배송했으며, 2019년 페덱스보다 더 많은 물량을 처리할 계획도 가지고 있었다. 또한 2016년 1월에는 중·미 간 해상운송 포워더 등록까지 마치면서 그들의 플랫폼을 이용한 다양한 연계 비즈니스를 하고 있다.

또 아마존은 2017년 6월 미국의 최대 콜드체인 유통 업체인 홀푸드 마켓(Whole Foods Market)을 인수했다. 대부분 아마존의 경쟁 업체인 오프

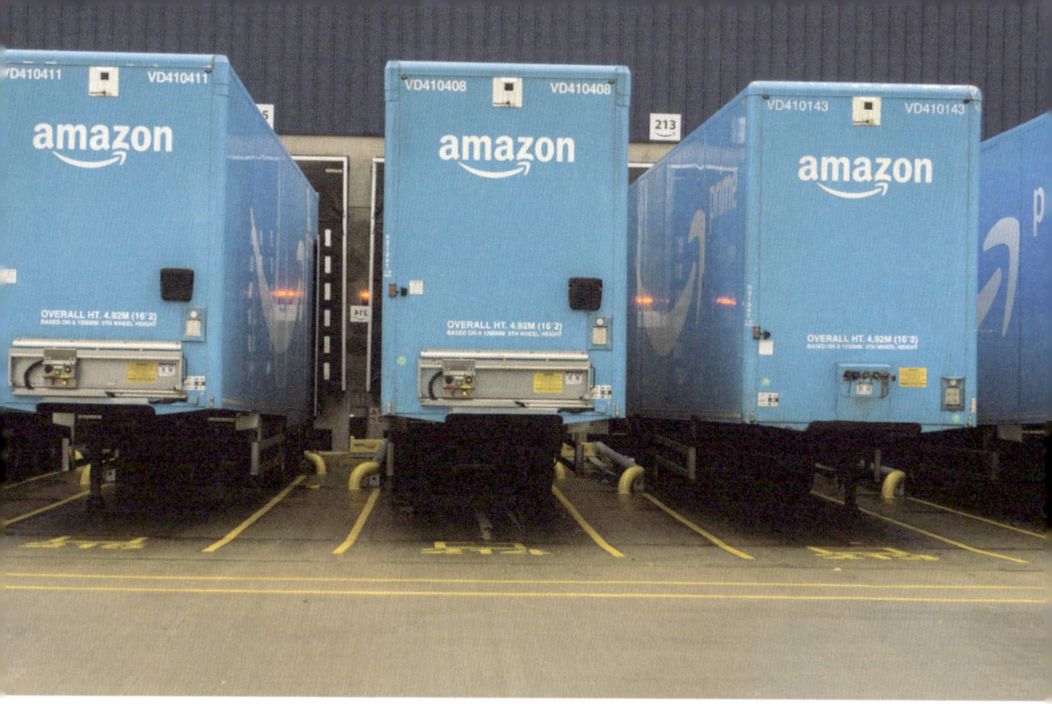
VD410411
amazon
VD410408
VD410408
amazon
213
VD410143
VD410143
amazon
OVERALL HT. 4.92M (16'2)
OVERALL HT. 4.92M (16'2)
OVERALL HT. 4.92M (16'2)

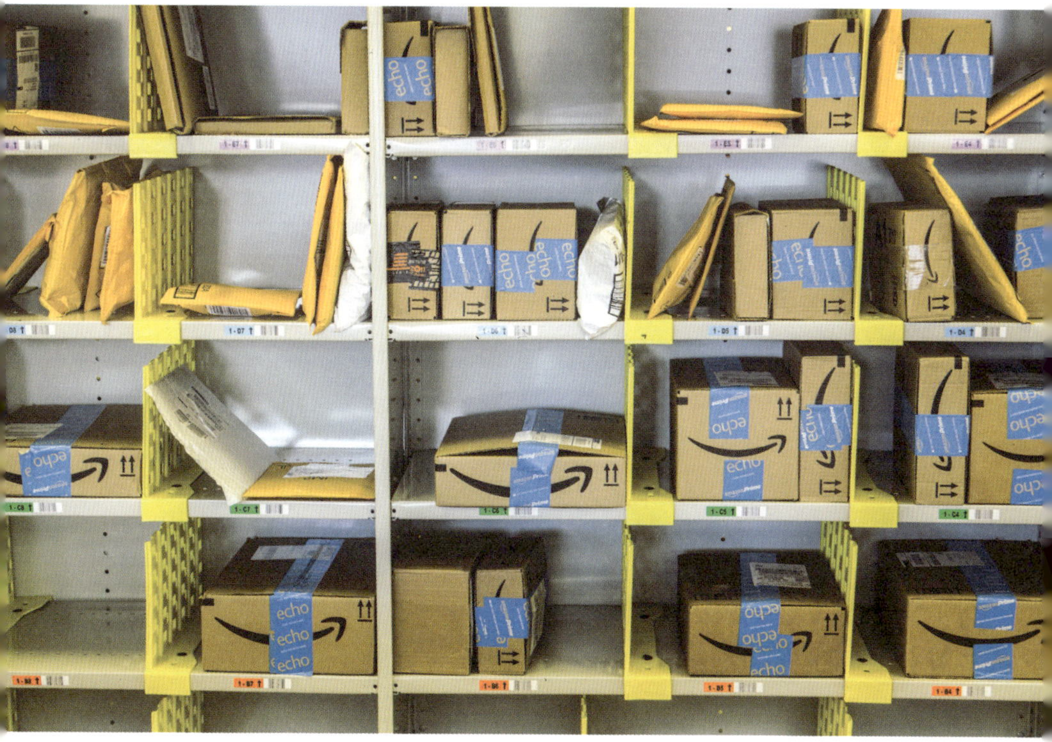
echo
echo
echo

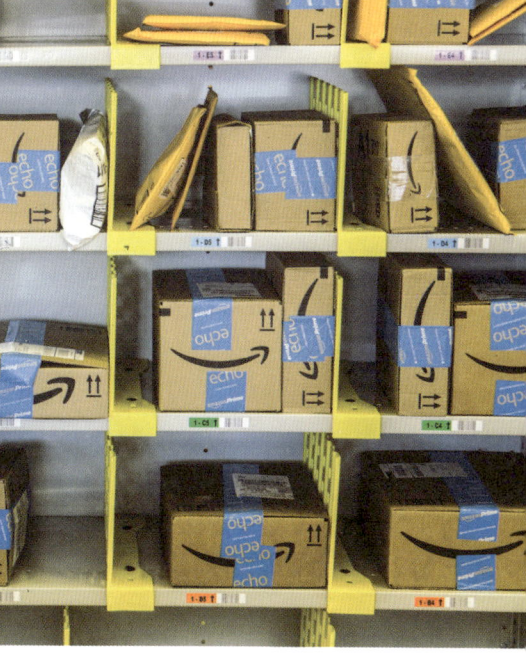

표 1 아마존과 알리바바의 물류 시장 진출 현황

구분	아마존	알리바바
2014	• 운송비 절감형 물류 서비스 도입 • 중국 공급망 개선 위해 투자 • 유통 집중화로부터 지역 분권화 체제로 전환(유럽)	• 차이냐오 물류 회사 투자 • 싱가포르 포스트(Sing Post) 주식 매입
2015		• '싱글스데이' 대응 위해 빅데이터 분석
2016	• 중-미 간 해상운송 포워더 등록 • 중-미 간 NVOCC 면허 취득 • 독일 공항 매입 추진 • 해상화물 운송 직접 관리 • 공급사슬 관리로 물류 미래 주도 추진	• '원터치 사이트'로 화주 운송 서비스 지원 • 공급사슬 관리로 물류 미래 주도 추진
2017	• 중동의 최대 전자상거래 사이트 인수 • 식료품/의약품 당일 배송 서비스 시작(일본) • 비용 절감형 물류 자동화로 무료 배송 확대 • 홀푸드 마켓 인수	• 전자상거래 지도자 양성 아카데미 운영 • 글로벌 물류 네트워크 구축 계획
2018	• 전자상거래 운송비 저감형 포장 개발 • 인도 플립카트(Flipkart) 인수 추진 • 미국 농산물 수출 업계에 '매치백(Matchbacks)' 서비스 제안 • 물류 창고용 로봇 팔 특허 취득	• 라자다 대상 20억 달러 추가 투자 • 홍콩국제공항 물류센터 설립

출처: KMI, 《국제물류위클리》, 각 연도 내용 수정 인용

라인의 강자 월마트(Walmart)를 견제하기 위해 부족한 콜드체인 유통망을 확보하기 위한 차원이라고 분석했다. 그러나 콜드체인 분야에서 고객의 니즈를 파악하기 위해서라는 설명도 상당한 지지를 받고 있다. 즉 아마존은 고객의 감성을 이해하기 위해서 15조 5000억 원을 투자한 것이다. 최

근 소비자가 오프라인 숍을 찾는 이유는 온라인 숍에서 찾을 수 없는 제품과 관련된 조언과 전문가의 견해를 듣고 싶기 때문이다. 이는 기업 입장에서 고객의 마음을 읽을 수 있는 중요한 수단이 되기도 한다. 아마존은 이렇게 소비자의 생각을 읽기 위해서 통 큰 투자를 한 것이다.

알리바바 역시 2013년 창업한 차이냐오(Cainiao) 물류회사를 통해 공급사슬 관리에 160억 달러를 투자했다. 2016년 알리바바는 세계 1위 선사인 머스크(Maersk)와 화주들의 선복 예약 서비스를 알리바바 플랫폼을 통해 가능하도록 협약했으며, 그해 12월 22일부터 알리바바 원터치 사이트를 통해 중국 화주의 유럽향과 아시아 역내 운송 서비스를 지원하고 있다.

이미 우리나라 유통·물류 산업에 이러한 정보 플랫폼 기업의 성장이 큰 영향을 미치고 있다. 조만간 포워딩 서비스를 주로 하는 국제물류주선업이 사라질 것이다. 또 전문 물류 기업, 육상 및 해상 물류 기업, 항만 운영사 간의 갑을 관계에서 정보 플랫폼 회사가 참여하면서 정보 플랫폼 회사, 전문 물류 기업, 육상 및 해상 물류 기업 그리고 항만 운영사 등의 순으로 갑을 관계의 새로운 먹이사슬이 만들어질 가능성도 부정할 수 없다. 물류 기업이 주도해온 기존 공급사슬 관리 체계가 정보 플랫폼 유통 회사의 비즈니스 모델 속으로 들어가면서 육상 및 해상, 항만 그리고 전문 물류 기업을 대상으로 하는 위협으로 다가오고 있는 것이다. 고객의 니즈와 관련된 정보 수집은 그들의 플랫폼에서만 가능하기 때문이다. 이제 우리의 전문 물류 기업, 육상 및 해상 물류 기업, 항만, 국제물류주선업체 모두 과거의 비즈니스 관행에서 벗어나 소비자의 니즈와 감성에 맞출 수 있는 새로운 전략을 수립하지 않으면 조만간 거대 정보 플랫폼 유통 기업에게 종속되거나 사라질 수밖에 없을 것이다.

지금 이 시점에서 우리나라 물류산업의 현실을 다시 생각해봐야 한다. 세계가 정보 플랫폼 경쟁을 치열하게 벌이는 상황에서 국내 2자 물류 기업의 3자 물류 방지,[7] 대기업의 3자 물류 전문 기업 인수,[8] 우리 물류 공기업의 해외 물류 진출 제한[9] 등이 우리나라 물류산업의 주요 현안이라는 현실이 너무 안타깝다. 공정한 경쟁 유지와 불법 규제 등은 필요하지만, 급격하게 변화하는 글로벌 물류 시장에서 우리가 제대로 살아남기 위해서는 글로벌 정보 플랫폼 기업에 대응해 세계로 진출하기 위한 전략이 시급하다. 최근 산업부는 '유통 4.0시대' 대비 플랫폼 산업 발전을 위해 5년간 R&D에 170억 원을 투자하기로 했다. 유통·물류 산업의 발전이 직거래에서 플랫폼 거래로 빠르게 넘어가고 있어 이에 대응하기 위한 정책으로 생각된다.

특히 '유통산업 융합 얼라이언스' 정책을 통해 유통-정보통신 기술 기업 간의 연계를 통해 상품 정보 빅데이터 구축, 인공지능 기반 맞춤형 상품 추천 등 10대 R&D 후보 과제를 선정해 추진 중에 있다.[10] 그러나 우리나라가 실질적으로 물류산업에서 글로벌 정보 플랫폼 기업에 대응하기 위해서는 이미 선정된 기술 개발과 추가적인 감성 정보 분석 및 확보 전략이 필요하다.

또한 우리나라의 거버넌스 부분과 기업 부분에 감성 기반 정보 플랫폼의 얼라이언스 구축이 동시에 추진돼야 한다. 우리나라는 유통과 물류 분야에서 산업부, 국토부, 해양부, 농업부, 보건부, 관세청 등으로 다원화된 거버넌스 체계를 가지고 있다. 또한 우리 물류 기업은 규모나 범위의 경제 관점에서 그 수준이 미흡해 감성 기반 정보 확보는 물론이고 기업 간 기술과 정보 연계가 단절된 상황이다.

현재 존재하는 우리나라 물류 기업의 정보를 모두 연계, 통합해도 글로벌 정보 플랫폼 기업에 대응하기 힘든 상황인데, 거버넌스 기능에서 기업 차원까지 모두 단절된 상황이다. 따라서 R&D 사업뿐만 아니라 정부 그리고 기업 차원에서 감성 정보 기술 얼라이언스를 구축해야 미래 경쟁력이 보장될 것이다. 또 남북경협이 재개된다면 우리 물류산업에 새로운 기회를 제공해줄 것이다. 아직 백지 상태인 북한, 나아가 중국의 동북 지역과 극동러시아 지역을 포괄하는 감성 기반 정보 플랫폼을 우리나라 물류 기업이 주도적으로 구축해 나간다면 현재의 열세 상황을 동등한 수준으로 올릴 수 있는 마지막 기회가 될 수 있다. 정부 관계자와 전문가의 시장을 읽는 정확한 눈, 특히 소비자가 무엇을 원하는지 그 생각을 정보를 통해 확보하고 읽을 수 있는 '정보 플랫폼'이 절실히 필요한 시점이다.

블록체인,
　물류를
혁신하다

2019년 초 열풍을 몰고 왔던 가상화폐 비트코인은 해당 분야의 전문가나 투자자가 아니더라도 많은 국민의 관심을 받고 있다. 곳곳에서 비트코인, 즉 가상화폐에 대한 효용성과 허구성에 대한 논의가 벌어졌고, TV 시사프로그램에서도 해당 개념에 대해 전문가들이 출연해 논쟁했다. 이러한 논의, 논쟁은 지금도 진행 중인데, 바로 이 가상화폐의 기본 개념이 블록체인이다.

　블록체인은 말 그대로 '체인(chain)'으로 구성된 '블록(block)'이다. 모든 거래 사항은 블록 단위의 '원장(ledger)'¹¹에 분산돼 저장되고 각 블록은 체인으로 연결된다. 따라서 거래가 시작된 최초의 블록에서부터 현재의 블록까지 일단 생성되면 모두의 동의 없이 변경하거나 삭제할 수 없다. 블록체인은 이 같은 분산성과 보안성을 강점으로 전 세계 디지털화를 주도할 수 있을 것으로 예상된다.

블록체인 기술의 여러 열매 중 하나가 비트코인이나 이더리움으로 대표되는 가상화폐이고, 이외에도 다양한 분야에 블록체인이 접목되고 있다. 특히 물류는 블록체인이 접목되기에 아주 유리하고 광범위한 분야로, 일반인이 쉽게 블록체인 개념을 이해하는 데 도움이 된다.

왜 물류·유통 분야에 블록체인을 접목하는 것이 용이한 것일까? 그것은 상대적 효과가 크고 사업화의 가장 큰 장애 요인인 기득권 세력과의 충돌이 상대적으로 적기 때문이다. 또 블록체인은 글로벌 유통·물류 플랫폼 기업을 견제하는 대안으로도 그 가능성을 주목받고 있다. 최근 확산 중인 '디지털화(digitalization)'란 전통 제조 기업의 관리 과정에 대한 자동화에 머물지 않고 기업 내부의 혁신과 외부 기업과의 협력 관계를 재설정함으로써 전체 공급사슬의 초융합, 초연결, 초지능화를 추구하는 것이다.[12] 이 대목에서 초융합, 초연결 그리고 초지능화를 실현하기 위해 가장 필요한 장치 중의 하나가 안정적인 보안 체계 구축이고, 이를 지원하는 기술이 블록체인인 것이다. 결국 현재 공급사슬을 주도하고 지원하는 유통·물류 분야에서 블록체인이 주목받을 수밖에 없는 것이다.

공급사슬 면에서 블록체인 개념을 다시 살펴보면 다음과 같이 설명할 수 있다. 글로벌 시대의 공급사슬은 다양한 형태를 띠는 입체적 상태에서 전 세계와 연결된다. 즉 누가 누구와 상관관계가 있는지, 어떠한 이해관계가 있는지 분명하게 규명되지 않은 채로 물류망과 유통망을 따라 분야별 거래 형태에 맞춰 관계를 맺는 것이다. 그 때문에 다양한 형태의 분쟁이

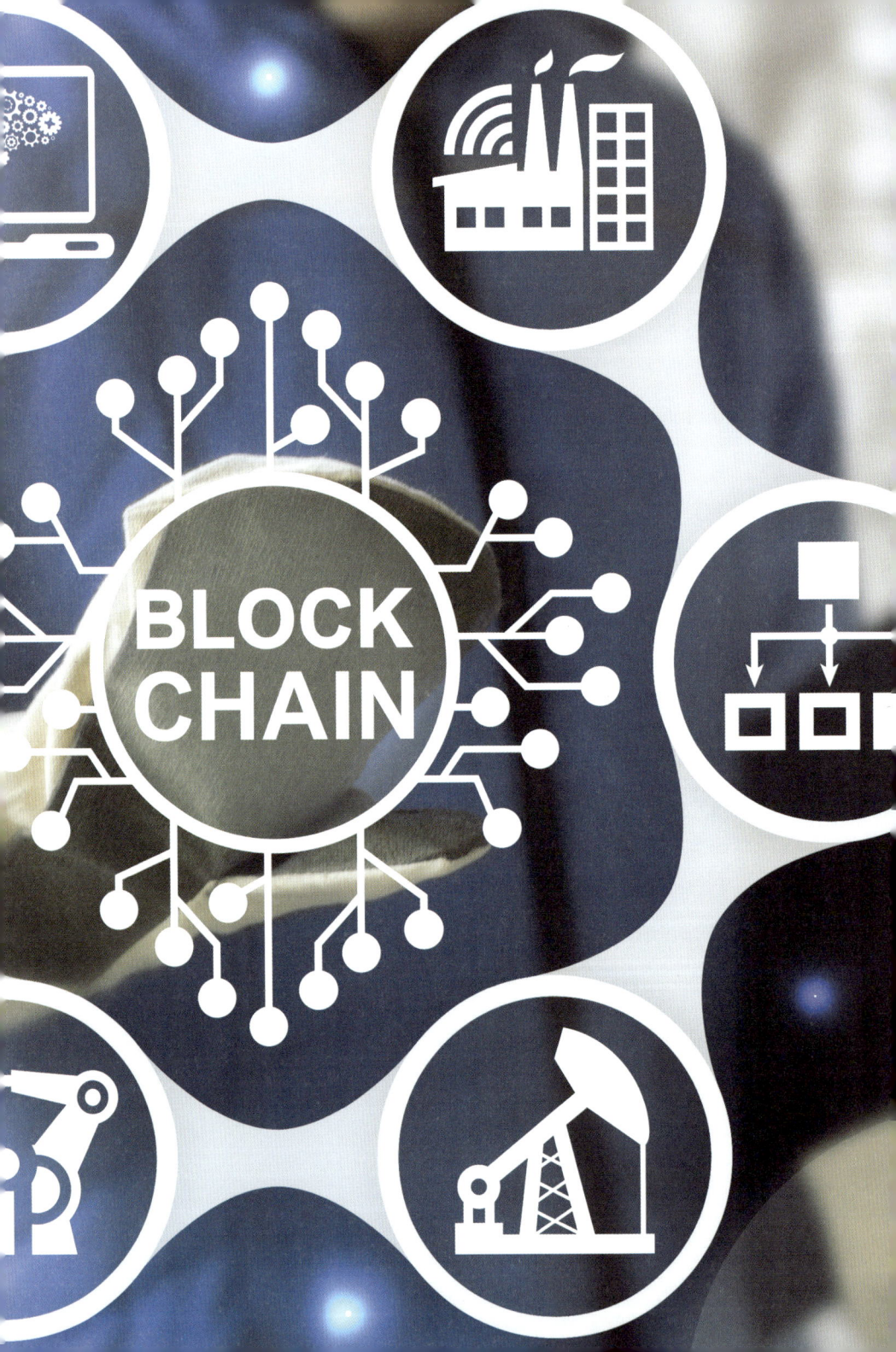

발생한다. 이런 분쟁을 해결하기 위해서는 저비용으로 투명성과 신뢰성을 보장할 수 있는 해결책을 찾아야 하는데, 블록체인이 이러한 니즈를 충족해줄 수 있는 가장 확실한 방법이다.[13] 특히 전통적인 시장의 통제자, 중개자 그리고 시장 교란자를 최소화하거나 완전 제거를 통해 투명성과 신뢰성이 보장되는 거래 체계, 즉 모두가 신뢰할 수 있는 투명한 공급사슬 체계를 구축할 수 있다. 기존 공급사슬 체계에서 통제자와 중개자는 하향 형태의 감시를 하는데, 블록체인은 참여자가 모두 상향 형태의 감시를 할 수 있는 체계를 가진다.[14] 이러한 형태가 가져오는 장점은 공급사슬 체계의 투명성과 신뢰성뿐만 아니라, 아마존과 알리바바 등 디지털 플랫폼 기업에 대한 견제도 가능하다는 것이다. 사실상 글로벌 유통·물류 플랫폼 기업이 시장을 장악함으로써 또 다른 중앙 통제자의 출현이 걱정되는 상황이 형성되는데, 블록체인은 이를 방어할 수 있는 기술도 되는 것이다.

블록체인 기술이 유통·물류 분야에 적용되는 예는 식료품에서 쉽게 확인할 수 있다. 많은 사람이 즐겨 마시는 와인은 유통 관리가 잘 되느냐, 아니냐에 따라 생산지에서 맛볼 수 있는 풍미를 먼 지역에서도 유지할 수 있다. 와인은 주산지인 미국, 칠레, 오스트레일리아, 남아프리카공화국, 프랑스 등지에서 동북아시아까지 먼 거리를 트럭, 기차 그리고 선박을 통해 운송되는데, 그 과정에서 통과하는 지역의 기후, 유통의 관리 상태 등에 따라 각종 영향을 받는다. 특히 와인은 온도에 민감한데, 비용 등의 이유로 온도 조절용 컨테이너 대신 일반 컨테이너를 사용하는 경우가 빈번하다. 만약 온도 조절용 컨테이너로 운반된다면 유통 과정에서 온도 관리가 된 와인이라는 표시를 라벨에 붙이는데, 이것이 판매 마케팅의 한 요인이 되기도 한다. 하지만 아직까지 소비자는 와인을 구매할 때 운송 시간이 얼마나 걸리는지, 어떤 유통 과정을 거치는지 알 수 없다.

그런데 블록체인 기술은 이 문제를 단번에 해결할 수 있다. 블록체인을 도입하면 산지의 와인 생산자, 와인 유통과 물류 담당자는 해당 상품의 생산·포장·이동·유통 과정을 실시간으로 관리할 수 있고, 중간 단계에서 문제가 발생하면 그 행위자에게 책임을 지게 할 수 있다. 결론적으로 블록체인을 적용하면 앞서 언급했듯이 제품에 대한 가시성과 투명성을 동시에 추구할 수 있고, 제품의 생산 혹은 관리에 문제가 생겼을 때 원인 파악에 몇 주, 몇 달이 걸리던 것을 수분 안에 파악할 수 있는 것이다. 특히 오염된 식료품이 매년 세계 인구의 10분의 1인 6억 명을 병에 걸리게 하고 이 중 40만 명을 사망케 한다는 세계보건기구(WHO)의 보고가 있는 만큼 블록체인을 신선 식료품 관리에 적용한다면 인류의 건강관리에도 큰 기여를 할 수 있다.

블록체인과 식품 유통·물류의 만남이 가져다주는 가능성은 바로 세계 1위의 유통 기업인 월마트와 IBM을 제휴케 했고, 세계 최대 인구를 보유하고 있고 신선 식료품의 손실률이 25퍼센트(2014년 청과류 기준)[15]에 이르는 중국이 적용 대상이 되고 있다. 중국 인구 14억 명이 먹는 신선 식료품의 손실률이 25퍼센트라는 것은 아프리카의 기아를 모두 해결하고도 많은 양이 남아 그대로 버려진다는 뜻이다. 이러한 심각성을 인지한 중국 정부의 적극적인 지원과 월마트의 세계 최대 시장 개척 의지 그리고 IBM의

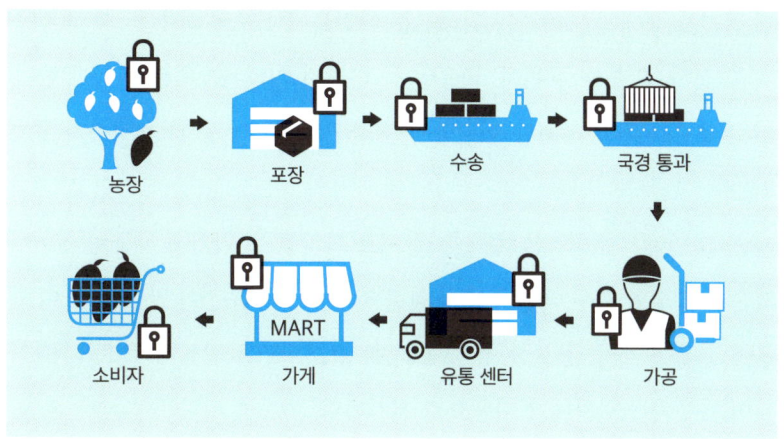

월마트의 블록체인 기술 적용 사례(망고).
출처: Frank Yianna & 월마트 발표 자료, 2017

기술 적용 확대 전략이 연계돼 중국 내 망고와 돼지고기의 유통·물류에 블록체인이 적용되고 있다. 월마트는 중국 시장에서 큰 폭으로 소비가 증가하는 망고에 대해 원산지에서부터 성장, 숙성, 가공, 포장, 수송, 유통, 진열에 이르기까지 당도, 숙성도, 부패도 등 모든 과정을 블록체인 시스템으로 관리해 부패율과 판매율을 개선하고 있다. 이는 월마트와 IBM이 구상한 블록체인 기반 '식품 물류 투명성 증진 시스템'의 결과이며, 식품 안전에 문제가 생겼을 경우 몇 주가 아닌 몇 초, 몇 분 사이에 추적 시스템을 통해 문제를 해결하고 있다.

물류 분야에 블록체인 기술이 적용된 또 하나의 사례는 세계 1위의 선사인 머스크와 IBM이 구축한 관리 시스템이다. 화주가 보낸 화물이 선박에 실려 고객에게 도착하기 위해서는 항만을 중심으로 화주, 국제 물류 중개인, 선사, 운송사, 통관사, 금융권 등 다양한 이해관계자를 거쳐야 한다. 이 과정에서 (전자)선하증권·신용장·화물인도지시서 등 각종 서류가 유통되는데 지금도 여전히 많은 국가에서 사람의 손으로 전달하고 있고, 게다가 중간 단계의 화물 상태를 실시간으로 파악할 수 없기에 화물 손실이나 파손이 발생할 경우 책임 소재가 불분명해 다수의 분쟁이 발생한다. 이 때문에 결국 관계자 간 보증, 계약 등의 복잡한 구조를 만들게 됐고, 이 모든 것이 화주와 소비자에게 비용으로 전가된다.

이러한 문제점을 해결하기 위해 머스크와 IBM은 2015년 12월부터 종이 문서를 디지털화하고 있다. 그리고 이를 기반으로 동아프리카에서 유럽으로의 화물 해상운송 과정에 참여하는 30개 이상의 기관과 200개 이상의 문서 처리 과정을 블록체인으로 연결해 컨테이너의 과거 및 실시간 이동 경로를 파악함으로써 화물에 대한 가시성과 투명성을 제고해 비용을 줄이고 있다.[16]

이러한 사례는 해외에만 있는 것이 아니다. 블록체인의 세계 시장 확산에 긴장한 우리 물류업계에서도 삼성SDS, 해양수산부, 관세청, 항만공사, 한국해양수산개발원 그리고 해운 물류 기업 관계자가 모여 '해운 물류 블록체인 컨소시엄'을 결성했다. 이 컨소시엄은 해운 분야의 시범 사업을 지난해 완료했으며, 2018년 11월에는 더 많은 주체가 참여해 '물류 블록체인 협의체'를 구성하고 해운을 넘어 물류 전체로 블록체인을 확대 적용하기로 했다. 블록체인 기술을 더 넓은 물류 분야로 확장하고 시범 사업

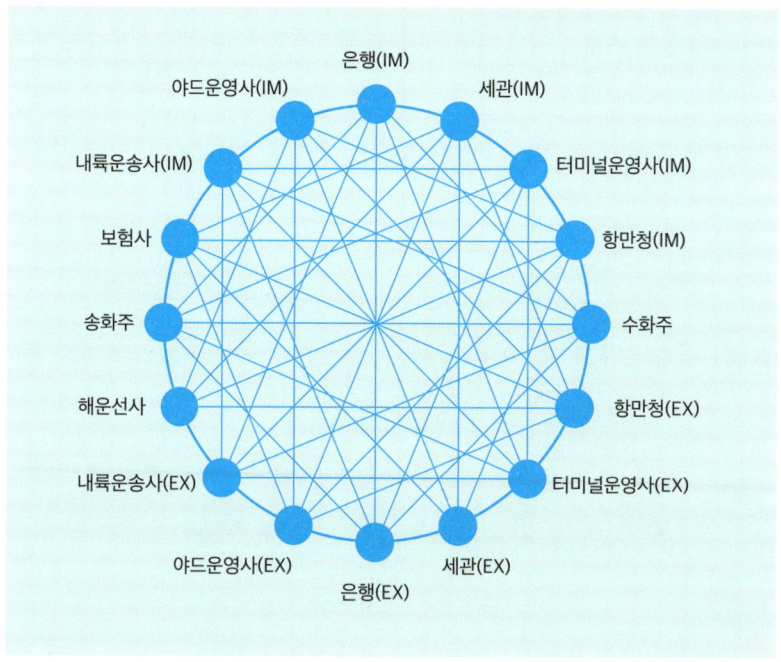

'해운 물류 블록체인 시스템' 주체 간 연계 개념도
출처: 삼성SDS, 〈해운·물류 블록체인 컨소시엄〉 최종 보고 발표 자료, 2017년 12월

을 떠나 실제 사업에 적용하기 위해 민관학연의 주체가 힘을 합친 것이다. 해운 물류 블록체인 컨소시엄은 과거 중앙 통제 체제하에서 관리됐던 화물 정보에 대해 시범 사업이지만 위의 그림에서처럼 블록체인을 통해 다수의 주체가 모든 참여자와 연결돼 화물의 감시, 확인, 승인 기능을 동시에 수행할 수 있도록 했다.

 이를 통해 해킹·사기 방지와 장기 체화 등의 리스크 축소, 선하증권

표 1　해운 물류 블록체인 시스템 효과

적용 사례		기대 효과
사기 및 장기 체화 리스크 축소	• 선적 단계에서 선적 화물에 대한 신뢰성 있는 정보 확보 가능	• 사기 선적(Fraud Shipment), 장기 체화 예방으로 보관 패키지 비용 등 관련 비용 절감
선하증권(B/L) 발급 관련 비용 감소	• 블록체인상의 B/L 정보로 기존의 오리지널 B/L 역할 대체(은행 LC Nego, D/O 발급 등)	• B/L 발급 업무 관련 인건비, 인쇄에 필요한 기타 비용, B/L 분실에 따른 비용 절감
업무 프로세스 간소화	• 화주의 각종 LOI 수취 불필요 • 시스템 통한 각종 담보 사항 공유 • DG/OOG Application 업무 대체 • RF 온도 정보 트래킹(Tracking) 가능	• 업무 프로세스 개선으로 오류 가능성 축소와 화주 만족도 증대
화주 측 화물 정보 확보 용이	• 생산 계획 정보 등 화주 정보 확보와 활용 용이	• 화주 생산 정보에 따른 기기 공급 계획 수립 등 정보의 효율적 이용 가능
진입 장벽 축소로 신규 수요 증대	• 문서 디지털화와 각종 서류/대관 업무 축소로 물류 진입 장벽 축소 가능	• 진입 장벽 축소로 영업 가능 범위 확대 • 수요 확장 가능

출처: 삼성SDS, 〈해운·물류 블록체인 컨소시엄〉 최종 보고 발표 자료, 2017년 12월

발급 비용 절감, 업무 과정 축소, 화주 측의 화물 정보 확보 용이, 진입 장벽 축소로 신규 수요가 증가하는 선순환 효과를 가져올 수 있다. 결국 블록체인은 물류산업에서 통제자와 거래중개자 제거, 불법 개입자의 통제를 통해 비용 절감, 상향 감시로 가시성 및 투명성 제고, 재고회전율 축소로 비용 절감, 현금 흐름화 최적화로 비용 절감과 리스크 해소, 정보 독점 기업 견제, 빅데이터 비식별화(개인 정보 보호 수준 하향)를 통한 화물 정보 활용도

제고 등으로 유통·물류 기업의 미래를 밝혀줄 수 있다.

그러나 아무런 장애나 저항 없이 손쉽게 적용되는 기술이나 제도란 없다. 블록체인 기술을 세계는 물론, 우리 물류산업에 적용하기 위해서는 기존의 중앙 집권적 시스템에 대한 분권화와 변경, 이와 연동된 법제도 개선 그리고 관련 기득권자의 저항 등을 이겨내야 한다. 이러한 이유로 기득권층이나 법제도가 아직 제대로 구축되지 않은 신흥 경제국이 오히려 선진국보다 블록체인을 포함한 4차산업 기술의 접목이 더 용이하다는 주장도 있다.

우리나라의 물류산업에서 예를 찾아보자. 해운 선사가 화물을 싣고 항만으로 들어올 경우 제일 먼저 화물과 관련된 선하증권을 상법 제862조(전자선하증권) 규정에 의거해 해당 등록 기관에 신고해야 한다. 우리나라에서는 해당 법상 등록 기관의 지정 요건에 명시된 기관으로 보안과 정보 관리가 가능하도록 독점적 중앙 집권적 체계를 가진 KTNET(한국무역정보통신)이 이 업무를 수행하고 있다. 결국 블록체인 기술을 적용하기 위해서는 KTNET이 가진 독점성과 중앙 집권적 체계를 규정한 상법 제862조의 개정이 필요하다. 그렇지 않을 경우 독점적 기관이 아니라 다른 다수의 기관이 등록될 수 있도록 법률 개정이 필요할 것이다. 또한 법률 개정이 되더라도 KTNET이라는 기관의 존립 여부와 기존에 해당 사업을 영위하던 기득권층에 대한 연착륙을 위한 길도 마련돼야 하는 등 많은 복잡성이 존재한다. 다행히 블록체인은 모든 사람에게 개방된 공적 블록체인과 특정 참여자에게만 개방된 사적 블록체인으로 나뉜다. 따라서 우리나라와 같은 경제, 사회 구조를 가진 나라에서 블록체인을 적용하기 위해서는 우선 다수의 사적 블록체인이 구축되고, 그다음 이와 관련된 다양한 법제도가 따라서 개정되면서 서서히 안정적인 적용 단계로 들어가는 것이 좋다.

아직 블록체인이 만들어갈 미래가 어떤 것인지 완전히 전망하기는 어렵다. 그러나 블록체인 기술이 유통·물류 분야의 미래에 큰 혁명을 일으키면서 새로운 방향으로 우리의 발걸음을 인도할 것임은 틀림없어 보인다. 따라서 지금부터라도 다수의 물류 관련 이해관계자의 블록체인에 대한 개념 이해와 적극적인 참여가 필요하다. 우리나라의 물류산업이 블록체인 기술을 통해 글로벌 경쟁력을 높이기 위해서는 참여자를 상호 신뢰하고 자기 자신부터 개방하겠다는 열린 자세로 접근해야 가능하다. 블록체인은 초연결, 초융합, 초지능화의 미래 사회가 요구하는 협력의 시작점이자 개방을 위한 사다리가 될 것이다.

성장하는 전자상거래,
  변화하는
  물류 체계

매년 미국의 블랙 프라이데이, 중국의 광군제(光棍節)[17]가 만들어낸 쇼핑 열풍은 세계의 전자상거래와 물류 시장에서 큰 화두가 되고 있다. 전 세계 전자상거래 시장은 매년 약 20퍼센트[18]씩 폭발적 성장을 하고 있으며, 특히 중국은 미국의 두 배 이상 성장률을 보이면서 세계 전자상거래 시장을 주도하고 있다. 중국의 젊은 소비층은 소득 수준 증가와 현실 지향적 소비 패턴으로 전자상거래 시장을 성장시키는 중심에 서 있다. 중국을 위시한 전 세계 젊은 소비자의 구매 패턴 변화와 소비 지향적 행동은 글로벌 유통업과 물류업에 큰 영향을 미치며 그들의 변화를 요구하고 있다.

최근 유통업은 4차산업 기술을 장착한 전자상거래 기업의 플랫폼을 통해 주로 성장하고 있으며, 물류업은 이러한 유통 체계 변화에 따라 라스트 마일 서비스에서 신속, 정확, 저렴한 물류에 초점을 맞추게 되어 물

류 체계 전체가 변화하고 있다. 보통 소비자는 저렴한 가격으로 자신이 원하는 시간에 즉시 그리고 안전하게 상품을 받으려 하고, 유통 기업과 물류 기업은 생존을 위해 그들의 요구에 적극 대응할 수밖에 없다. 최근의 소비 패턴 조사에 따르면 소비자는 신속 배송과 저렴한 가격을 동등한 비중으로 선호하고 있다. 즉 상충의 여지가 있는 배송비와 신속성, 이 두 요인을 동등하게 선호한다는 뜻이다. 일반적으로 상품을 빨리 받기 위해서는 높은 물류비를 지불해야 하고 배송 속도가 느릴 경우 대부분 저렴한 물류 수단을 선택한다. 그러나 소비자는 둘 다 만족시키기를 원하고, 이에 더해 정확성과 안전성까지 요구하는 이기적인 구매 패턴을 보인다. 하지만 유통 및 물류 업체는 생존하기 위해서 이러한 변화에 그들의 사업 구조를 맞출 수밖에 없다.

유통·물류 기업이 소비자의 상충되는 이 두 요구를 동시에 만족시키기 위해서는 결론적으로 정보와 기술의 힘을 빌릴 수밖에 없다. 사실 소비자가 유통·물류 기업 위에서 군림할 수 있는 것도 스마트폰이라는 통신 기술의 산물이 중요한 역할을 하기 때문이다.

스마트폰은 고객이 상품을 구매할 때 다양한 선택권을 가질 수 있도록 채널을 열어준다. 스마트폰 앱이 제공하는 정보를 통해 어떤 상품이 어느 곳에서 가장 싸고 가장 빨리 배송되는지 비교할 수 있는 것이다. 이로 인해 백화점, 쇼핑몰, 홈쇼핑 등 기존의 유통 형태가 약화되는 결과로 나타나고 있다. 예를 들어 A는 상품을 구매할 때 백화점, 쇼핑몰, 할인점 등을 돌며 눈으로 상품의 상태, 기능 그리고 질 등을 확인한다. 그러고는 스마트

폰으로 해당 상품이 가장 싼 곳을 찾아서 연결된 결제 시스템을 통해 바로 구매를 한다. 결국 큰돈을 투자해서 상품을 진열하는 기존의 유통 형태는 수익을 전자상거래 플랫폼 기업에 빼앗기는 형국이 되고 있다. 이는 스마트폰에 적용된 것과 같은 정보 통신 기술의 힘이 소비자에게 권력을 준 것이다. 이러한 소비자의 상품 구매 패턴 변화로 인해 스마트폰을 통한 유통 플랫폼 기업이 전자상거래 시장을 주도하고 있으며, 온라인을 통한 쇼핑 빈도가 더욱 높아지는 동인이 되고 있다.

소비자의 소비 패턴 변화가 유통 구조의 변화를 가져오고 물류 체계의 변화까지 이끌어내는 상황에서 이제는 물류 수단 선택에도 영향을 미치는 것으로 보인다. 현재 전자상거래 시장에서 주로 판매되는 상품은 책, 옷 등 소형 제품이지만, 최근 가구, 전자제품 등 중대형 상품군으로 이동하는 추세다. 또 대부분의 전자상거래 상품은 80퍼센트 이상이 항공운송으로 전 세계 소비자에게 배송되는데, 빠르게 운송된다는 장점 외에 대륙을 넘어 이송되는 원거리 상품이 많기 때문이다.[19] 그런데 항공운송은 항공물류의 취약점 때문에 비용 대비 적절한 시간 절감 효과를 실질적으로 발휘하지 못하고 있다. 항공운송은 물류 과정에서 사람, 건물 그리고 특정 지역의 테러 가능성이 상대적으로 높기에 엄격한 통관 과정을 거쳐야 한다. 상품은 항공기에 탑재될 때부터 운송돼 하역되기까지 엄격한 검수, 검량, 검역 등의 과정을 거친다.

하지만 해상운송 상품의 경우 통관 과정이야 서시시반 항공운송처럼 엄격하지는 않다. 우리 머리 위 하늘로 날아가기에 테러에 훨씬 쉽게 노출되는 항공기와 달리, 선박은 제한되고 분리된 항만이라는 공간만 오가기 때문이다. 그래서 비싼 항공운송보다 저렴한 해상운송이 상황에 따라 가성비가 높을 수도 있는 것이다. 예를 들어 중국 동북 지역의 소비자가 스마트폰을 이용해 전자상거래 플랫폼에 소개된 미국산 상품을 구매한다고 해보자. 그러면 해당 상품은 우리나라 인천공항으로 운송되고, 다시 인천항의 카페리[20] 물류 체계를 이용해 중국 동북 지역으로 이송되는 복합 물류 체계 속에서 움직인다. 이론상으로는 중국의 소비자가 구매한 상품을 미국에서 항공으로 바로 이송할 경우 더 빨리 배송돼야 하지만, 베이징과 상하이 같은 대도시 외의 지역은 항공과 연계된 내륙 물류 체계가 열악해 오히려 더 늦은 배송이 될 수 있다. 또한 규모의 경제로 볼 때도 미국 공항에서 인천으로 이송되는 화물은 많은 반면, 중국의 지방 공항으로 가는 상품은 상대적으로 적어서 물류비가 훨씬 높다. 반대로 인천항에서 중국의 항만으로 연결되는 카페리 연계 체계는 잘 돼 있고 비용과 시간 면에서 강점이 있다. 이러한 상황을 결합하면 중국인 소비자의 구매는 인천공항과 인천항을 연계한 복합 물류 체계 속에서 가능해지는 것이다.

결론적으로 국가 간, 대륙 간 전자상거래의 복합 물류 체계는 소비자의 니즈를 충족시키기 위해 구축돼야 한다. 다만 여전히 해운 물류의 시간적 약점은 풀어야 하는 숙제다. 그런데 이러한 숙제를 풀 수 있는 해답이 등장했다. 바로 전자상거래 전용 풀필먼트(fullfilment)[21] 물류센터다. 아직 항만과 항만배후단지에 전자상거래 전용 풀필먼트 물류센터가 만들어진 경우는 드물지만, 이 물류센터가 제대로 기능하게 된다면 중요한 물류 수단으로서 큰 역할을 할 것이다. 현재 아마존은 주요 물류 거점에 풀필먼트 물류센터를 활용한 전략적 물류 체계를 구축해 경쟁 기업보다 우월한 서비스와 저렴한 비용을 동시에 추구하고 있다.

풀필먼트 물류센터가 소비자가 인접한 항만에 만들어진다면 상품은 빅데이터, 사물인터넷 등을 활용해 해당 물류센터에 보관될 것이고 소비자의 주문과 함께 인공지능이나 로보틱스 기술이 적용된 무인화 물류센터에서 신속하게 상품을 배송하게 될 것이다. 이로써 현재 해운 물류 체계가 갖고 있는 단점을 극복할 수 있을 것이다. 결국 미래에는 소비자가 있는 지역의 여건과 그들의 니즈에 맞춘 맞춤형 물류 체계가 갖춰져야 하고, 이는 현재 항공 중심의 전자상거래 배송 체계가 해운 물류 수단이 포함된 복합 물류 체계로 바뀌는 동인이 될 것이다. 또한 전자상거래의 복합 물류 체계가 경쟁력을 갖도록 공항과 항만 배후 지역에 최첨단 풀필먼트 물류센터를 설립한다면 해당 물류 체계의 서비스 수준이 극대화될 가능성도 높아질 것이다.

미래는 누구도 예측할 수 없다. 하지만 그 방향성은 추정할 수 있는데, 전자상거래 시장이 계속 성장할 것이라는 것, 소비자의 니즈가 더욱 빠르게 변화하고 강화될 것이라는 것 등이다. 이러한 맥락에서 전자상거래 물류 체계와 수단의 변화 역시 예측 가능한 범위 내에 있다고 할 수 있다. 가까운 미래에 전자상거래 물류 체계가 4차산업 기술이 적용된 복합 물류 체계로 구축된다면 공항과 항만, 특히 항만은 현재의 모습과 많이 달라진 형태로 진화할 것이다. 자동화 항만과 첨단 풀필먼트 물류센터가 연결되는 형태일 수도 있고, 한발 더 나아가 무인 선박, 스마트 항만, 무인 물류센터, 사물인터넷 중심 장비 정비 체계, 드론 중심 항만 관리 체계, 무인 트럭 등으로 연결되는 하드웨어 시스템과 빅데이터 기반 소비자 구매 패턴 예측, 블록체인 기반 무역 거래 시스템 등 소프트웨어 시스템까지 갖춘 형태가 될 수도 있다. 이렇게 바뀐 미래의 항만은 공상과학영화에서나 보던 장면과 유사해 보일지도 모른다.

어쨌든 현재 유통·물류 기업은 까다로운 소비자의 니즈를 맞추기 위해 그들의 경쟁력을 계속 높여 나갈 것이고, 이러한 노력이 축적되면 새로운 유통 체계와 물류 체계가 만들어지면서 우리가 생각하던 것보다 더 빨리 상상이 현실이 될 것이다. 따라서 이런 변화를 예측하면서 우리는 지금 어떻게 준비해야 할지 고민해야 할 필요가 있다.

'박스'가 가져온 물류의 빛과 그림자

벌새효과(hummingbird effect)란 하나의 혁신적 발명이 합리적인 예상을 뛰어넘어 사회 전체의 변화로 연결되는 포괄적 혁신을 지칭한다. 다시 말해 처음에는 전혀 예상하지 못한 한 분야의 혁신이 완전히 다른 영역의 변화를 이끌어내는 인과관계를 말한다. 벌새는 식물이 번식을 위해 만들어놓은 꽃의 꿀을 빨아먹기 위해 정지 상태에서 비행을 한다. 척추동물인 벌새는 골격상 불가능한 비행을 날개 구조의 진화를 통해 가능케 함으로써 다른 새와는 전혀 다른 방향으로 생존해왔다. 즉 꿀을 통해 번식하려는 식물의 전략이 벌새의 날개 구조까지 변화시킨 것과 같은 혁신이 벌새효과인 것이다.

 우리 주변에는 다른 많은 벌새효과가 있다. 스티븐 존슨은 《우리는 어떻게 여기까지 왔을까: 오늘날의 세상을 만든 6가지 혁신》에서 인쇄술이 가져다주는 벌새효과를 언급한다. 구텐베르크의 인쇄기가 등장하면서 유럽 전역에 독서라는 새로운 습관이 형성돼 많은 사람이 원시(遠視)를 알게 됐고, 그로 인해 안경 수요가 폭발적으로 증가했다는 것이다. 안경 수요가 증가하자 렌즈를 제작하고 실험하려는 사람이 늘어났고, 이로 인해 현미경이 발명됐다. 결국 현미경은 우리 몸이 미세세포로 구성돼 있음을 알게 해주었고, 이는 의학 기술의 새로운 발달로 이어졌다. 인쇄술 발명이 우리가 관찰할 수 있는 세계를 세포 차원으로까지 확대할 줄은 누구도 생각하지 못했을 것이다. 그러나 혁신과 변화는 언제나 이런 식으로 우리에게 다가온다.

한 분야의 혁신이 다른 분야의 변화를 이끌어내는 일은 물류산업에서도 비일비재하게 일어난다. 대표적인 사례가 컨테이너화(containerization)다. 마크 레빈슨의 《박스(The Box)》에서 잘 소개된 컨테이너는 19세기 말 미국에서 화물을 넣어 실어 나르는 용기로 사용됐다. 그러나 초기 컨테이너는 천차만별인 크기로 인해 그 효과가 미약했다. 항만은 배후 물류 체계인 철도 및 도로와 연결 상태가 좋지 않았고 표준화도 되어 있지 않아 철도, 도로 종사자는 화물을 던지다시피 항만 뒤에 놓아두고 사라졌다. 항만 배후에 던져진 화물을 오로지 인력으로 선박에 싣다 보니 엄청난 노동력이 필요했다. 이는 당시 해상운송비의 절반이 인건비였다는 사실만으로도 알 수 있다. 다수의 항만 노동자는 당연히 자신들의 이익을 대변하기 위해 강한 노조를 만들게 됐고, 컨테이너화와 기계화에 반대하는 주체가 됐다. 결국 상품 이송에 드는 엄청나게 비싼 물류비는 산업 구조에도 영향을 미쳤다. 당시는 국제무역이 거의 없었고 자국 내에서 제품을 생산하는 체제였다. 다만 생고무, 커피, 향신료, 위스키, 금, 은 같은 미국에서 생산되지 않거나 제한적으로 생산되는 제품 수입에만 비싼 해운을 이용했다. 요즘 해운 운임을 생각하면 엄청난 격세지감을 느끼게 된다.[22]

그런데 미국의 운송 사업가인 맬컴 매클레인(Malcom McLean)이 컨테이너를 표준화하고 보급 확대하는 등 컨테이너화를 주도하게 됐다. 그는 1950년대부터 이미 자사 선박에 표준화된 컨테이너를 싣고 화물을 수송하기 시작했다. 그러나 자사 선박 외에는 컨테이너를 표준화할 수가 없었다. 그러던 차에 베트남전쟁이 일어났고, 이를 기회로 삼아 군수물자 때문에 엄청난 고통을 겪던 미군을 설득해 컨테이너를 표준화하고 대규모로 사용하게 하는 컨테이너화를 실현하게 됐다.[23] 당시 만들어진 컨테이너는 전후 일본의 전자제품을 미국으로 실어오는 항로에 투입됐고, 아시아-미주 항로를 시작으로 빠른 속도로 전 세계에 퍼져 나가게 됐다. 이러한 변화는 우리나라의 해운업계와 항만에도 영향을 미쳤다. 1970년 한진해운, 1976년 현대상선이 설립됐고, 1978년에는 부산항에 우리나라 최초로 컨테이너 전용 터미널이 건설됐다. 현재 세계 4위(2020)의 부산항은 이때부터 시작됐다고 볼 수 있다. 여기까지는 컨테이너의 발명과 표준화를 통한 컨테이너화의 글로벌 확산으로 이어지는 단순한 혁신으로 볼 수도 있다. 그러나 엄청난 변화는 그 뒤에 온다.

컨테이너화는 1980년대 들어 무역 자유화와 함께 글로벌 공급망 구축, 즉 국제 분업 체계가 구축되는 동기가 됐다. 과거에는 상품의 물류비가 너무 비싸서 한 곳에서밖에 생산할 수 없었지만, 컨테이너화로 촉발된 저렴한 물류비는 생산자에게 원하는 곳에 공장을 세우거나 생산 공정을 분리해서 유리한 곳에 공장을 분산 배치하는 글로벌 공급망을 만들 수 있게 해주었다. 인건비 비중이 높은 제품이나 부품은 인건비가 싼 곳으로, 기술력이 필요한 제품은 기술력이 뛰어난 국가로, 원자재 수급이 중요하거나 시장에 인접할수록 유리한 상품은 그곳에서 생산하는 형태로 생산 거점을 옮기게 된 것이다. 더 나아가 싱가포르처럼 부품을 조달하기 가장 좋은 물류 거점에 본사를 두고 글로벌 공급망을 관리하는 경우도 생겼고, 애플처럼 글로벌 공급망을 활용해 전 세계에서 제품을 생산하고 자국에서는 R&D와 마케팅만 담당하는 기업도 생겨나게 됐다. 즉 컨테이너화는 물류용기 표준화를 통해 당시 국제 교역 과정에서 가장 비쌌던 항만 이용비를 극적으로 줄여주었다. 각국의 개별적 특성과 상품의 특성에 맞춰 글로벌 공급사슬 체계가 구축되게 해준 것이다.

전자, 기계 제품 등의 글로벌 공급망이 동아시아 지역에서 어떻게 변화해왔는지를 시대별로 살펴보면 다음과 같다. 초기에는 일본에서 핵심 소재가, 우리나라에서 반도체 등 기반 부품이 그리고 중국에서 전자제품이 완성돼 주요 소비지인 미국과 유럽으로 수출되는 형태의 글로벌 공급사슬 체계가 구축돼 있었다. 그러나 현재 이러한 글로벌 공급망은 중국의 인건비와 기술력이 상승해 포스트 차이나로 일컬어지는 동남아시아 지역으로 확대되면서 재편되고 있다. 우리나라와 일본, 우리나라와 중국의 역할이 중복됨으로써 각국은 저부가가치 기능 대신 좀 더 고부가가치 쪽으로 기능 전환을 해가고 있다. 중국은 이러한 변화에 혁신을 통해 눈부신 발전을 추구한 반면, 우리나라는 비용과 안정성 면에서 상대적으로 일본에 의존하는 형태의 글로벌 공급사슬 체계를 상당 부분 유지해왔다. 그러다가 최근 한일 정치 갈등에 기인한 반도체 핵심 소재의 일본 수출 규제 조치로 온 나라가 들썩이는 상황에 직면하게 된 것이다.

컨테이너화는 물류 분야의 벌새효과라고 이해할 수 있다. 초기에는 단순히 물류비 절감과 신속 배송을 위해 도입됐으나 자유무역 촉진, 글로벌 공급 체계 구축 등 전 세계의 모든 산업에 큰 영향을 미치게 됐다. 그러나 컨테이너화로 촉발된 글로벌 공급망 구축은 국지적 리스크가 글로벌 리스크로 확대되는 부작용도 낳았다.

2011년 3월 11일 발생한 동일본대지진은 이러한 국지적 리스크가 글로벌 공급망에 미치는 영향을 보여준 대표적 사례다. 리히터 규모 9.0의 강진이 이 지역을 초토화했고 현지에 있던 공장은 대부분 파괴되거나 작동을 멈추었는데, 며칠 후 우리나라와 다수의 국가에서 자동차, 전자, 기계 관련 공장이 감산을 하거나 생산을 일시 중지하게 됐다. 이는 일본 후쿠시마 인근에 있던 공급 업체가 동일본대지진의 여파로 생산을 중지하게 되어 부품을 공급하지 못하게 됐기 때문이다. 이는 2011년 발생한 태국의 대홍수로 인해 일본의 자동차 회사가 주요 부품의 생산 거점으로 활용하던 태국의 부품 공장이 대부분 수해를 입게 됐고, 그로 인해 일본의 일부 자동차 회사가 상당 기간 동안 생산에 지장을 받았던 사태와 같은 맥락의 사건이다.

결국 광범위한 글로벌 공급망의 확산이 이러한 국지적 재해 등이 발생하자 생산 위축을 촉발하는 형태로 나타난 것이다. 동일본대지진과 태국 대홍수를 모두 겪는 바람에 이중 리스크를 경험한 일본의 닛산자동차는 우리나라와 가까운 규슈 공장의 글로벌 공급사슬 체계를 변화시켜 우리나라의 자동차 부속품 회사를 대상으로 밀크 런(milk run)[24] 수송과 한일 트레일러 상호 주행[25]이라는 개념을 활성화하기 시작했다. 우리나라의 기술력 높은 자동차 부품 회사와 지리적으로 가깝고, 저렴하고 안정화된 한일 물류 체계를 기반으로 물류비 절감, 재고 부담 완화, 신속한 제품 생산 등을 이루어 글로벌 경쟁력을 높여가는 상황이다.

결국 컨테이너화로 촉발된 글로벌 공급망 체계는 공급망이 지나가는 곳의 국지적 리스크로 인해 가능한 한 좁은 공간으로 이동하는 지역 공급망 체계로 전환하거나 민첩성(agility) 강화를 통한 위기 대응 능력을 강화하는 형태로 변하고 있다. 미국 트럼프 대통령의 자국 우선주의 정책은 이러한 변화에 기름을 부은 격이 되어 기존에 크게 영향을 미치지 못하던 정치적 리스크까지 추가되면서 더욱 큰 동력을 가지게 됐다. 미국이 자국에서 생산되지 않은 생산품에 관세 부과, 혜택 축소 등을 시행하자 안정화된 글로벌 공급망에 큰 영향이 미친 것이다. 한편 최근 발생한 중국발 코로나19 사태 역시 중국 내 부속 공장 폐쇄로 인한 글로벌 공급망에 큰 영향을 미쳤다. 한 예로 우리나라의 자동차, 전자 관련 공장이 부속 조달 문제로 작업을 일시 중단하기에 이르렀다. 물론 감염 질환의 확산은 글로벌 공급망에 미치는 악영향보다 인류 생명에 더 치명적인 영향을 미치는 엄청난

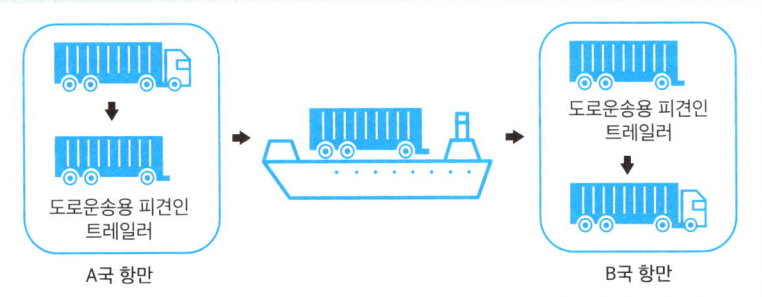

한·일 트레일러 상호 주행 개념도
출처: KMI, 〈동북아 육·해상 복합 운송 확대 방안 연구〉, 2016

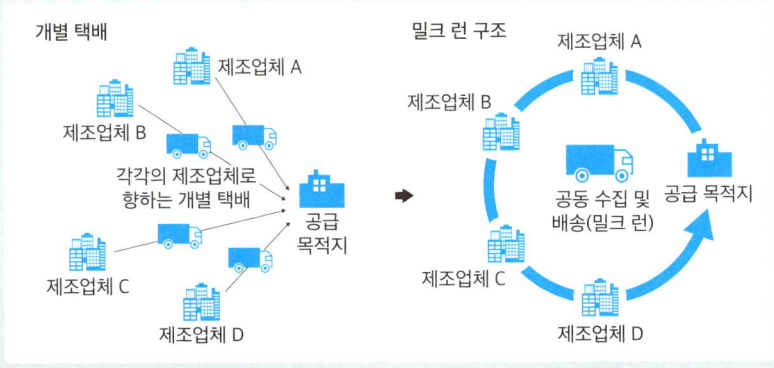

닛산자동차의 한·일 밀크 런 개념
출처: Nippon Express, 2018, 내부 자료

재난으로 이어지기도 한다.

이런 상황에서 다양한 국지적 리스크로 인한 글로벌 공급망의 영향을 최소화하기 위해서는 글로벌 공급망의 지역화를 통해 소재, 중간재, 완제품에 이르는 생산 단계를 일주일 이내로 최소화하는 방향으로 전환할 필요가 있다. 즉 지금까지 한국·중국·일본의 국제 분업 체계가 동남아시아, 나아가 서남아시아로까지 확대되던 형태에서 이제는 미국의 지리경제학자 존 폴 로드리게스가 언급했듯이 오히려 한국·중국·일본의 분업 체계로 회귀해야 한다는 것이다. 여기에 북한과 극동러시아가 참여하는 글로벌 공급망의 동북아시아 지역화 체계가 가장 경쟁력 있는 바람직한 형태로 꼽히고 있다.[26] 지리경제학적인 면에서 보면 앞에서 언급한 한국, 북한, 러시아, 중국, 일본의 글로벌 공급망 체계가 가장 합리적인 구도인 것이다.

그러나 이 지역에는 트럼프의 영향 못지않은 정치적 변동 요인이 존재한다. 한국과 일본, 중국과 일본 간의 역사적 갈등, 한국과 중국 간의 미국발 정치적·군사적 갈등, 한국과 북한 간의 정치적 긴장 관계, 그 밖에 양자간, 다자간 다수의 정치적 갈등 요인이 존재한다. 결론적으로 이야기하면 컨테이너화라는 벌새효과의 시작점은 동북아시아에서 글로벌 공급망의 지역화를 통해 성과를 거둘 수 있는 이론적 구조를 가지고 있다. 이는 해당 지역의 중심에 있는 우리나라의 물류산업에 엄청난 기회 요인이 될 수 있다. 하지만 현재 정치적 갈등으로 촉발된 미중 간 무역전쟁, 한일 간 무역전쟁이 글로벌 공급망 체계에 암운을 드리우고 있다. 미국의 공급망 연구소(SCI) 소장인 폴 디트먼트 교수의 조사에 따르면 미국의 기업 중 84

퍼센트가 이러한 글로벌 공급망 교란에 제대로 대응하지 못하고 있다.[27] 물론 우리나라의 기업 역시 같은 상황일 것이다. 물류 최적화, 재고 최소화 등으로 글로벌 소싱과 판매에 공급망을 최적화해둔 기업은 아마도 1~2년간은 손실이 있다 해도 물류 루트 다변화, 재고 확보 등의 대안을 마련할 수밖에 없을 것이다. 궁극적으로 모든 상품의 비용이 상승하는 형태로 갈 수밖에 없는 것이다.

위기는 항상 새로운 기회와 혁신을 잉태한다. 컨테이너화는 한 명의 아이디어와 노력으로 진행됐지만 결국 베트남전쟁이라는 기회를 통해 혁신으로 발돋움하게 됐다. 그리고 벌새효과를 통해 전 세계 무역망의 변화, 글로벌 공급망과 가치사슬이라는 개념을 탄생시켰다. 이제 국지적 자연재해로 인한 변화에 대응하기 위해 나타난 글로벌 공급망의 지역화는 국지적 자연재해뿐만 아니라 정치적 리스크로 인한 심각한 혼란과 위기를 최소화하기 위한 대응이라 할 수 있다.

이러한 환경 변화 아래 우리나라의 물류 기업은 어떤 준비를 해야 하고, 정부는 어떤 정책으로 우리나라 물류산업의 리스크를 완화해야 할까? 더 나아가 환경 변화를 기회 요인으로 삼아 기업을 성장시키려면 어떤 준비를 해야 할까? 지금이 새로운 미래를 위한 고민의 시작점이다. 자연재해와 정치적 리스크로 인한 글로벌 무역전쟁이 물류산업과 상관이 없다고 생각한다면 큰 오판이다. 어쩌면 가장 큰 영향을 받는 산업이 물류산업이다. 게다가 제조업과 무역업의 위기를 해결할 수 있는 방법으로 물류산업의 역할이 더 중요해지고 있다. 따라서 이러한 리스크를 완화하고 새로운 기회로 전환하기 위해서는 우리나라의 글로벌 공급망 체계와 국제 물류 구도를 연계한 새로운 구도를 짤 필요가 있다. 고비용, 저효율의 물류 체계가 아니라 저비용, 고효율 물류 체계로 전환해야 하고, 이를 위해서는 여러 형태의 리스크에 유연하게 대응할 수 있는 물류 모드의 연계성 다양화, 유연형 공급망 비즈니스 모델 개발, 첨단 물류 기술 접목 등의 새로운 준비가 필요하다.

지금은 규모에 입각한 인프라 건설 등 하드웨어에 투자하기보다 현실에 주어진 다수의 글로벌 리스크를 어떻게 해결해 나갈지에 대해 전향적으로 고민해야 한다. 동시에 글로벌 공급망 내에서 우리나라의 제조 기업과 물류 기업이 협력을 통해 유연하게 대처할 수 있도록 국가 차원의 물류 기반 공급망 설계가 필요하다. 이런 맥락에서 정부는 일본과의 대립을 기회로 삼아 우리 기업이 기술 독립과 수준 제고를 이룰 수 있도록 R&D 등에 집중 투자하기로 했다.

그러나 이런 형태의 독립적 성장은 또 다른 한계를 잉태하게 된다. 궁극적으로 보면 지속 가능한 성장을 위해서는 글로벌 공급망의 복원과 유연성 강화를 통한 주변국과의 동반 성장이 필요하다. 따라서 국가 차원의 독자적 기술 개발 지원과 함께 우리 기업의 경쟁력 제고를 위한 새로운 형태의 글로벌 공급망 구축과 유연성 강화 부분에 좀 더 투자할 필요가 있다. 또한 이를 주도할 수 있는 우리 물류 기업의 대응력 강화와 화주 기업과 물류 기업 간의 협력 체계 구축에 정부 차원의 지원이 시급히 요구되는 상황이다. 이제 당면한 위기를 넘어서서 기업, 국가 그리고 세계를 혁신적으로 주도할 수 있는 새로운 컨테이너를 찾아야 하는 숙제가 우리 앞에 놓여 있다.

글로벌 에너지
패러다임을
읽어라

정부는 한때 유류비 급등에 부담을 느껴 유류세를 15퍼센트에서 7퍼센트로 낮추는 정책을 펼쳤다. 이후 국가 세수 안정화를 위해 점진적으로 유류세를 원래의 15퍼센트로 환원했다. 이렇게 급등락을 하는 유가는 정부가 경제 정책을 추진하는 데 가장 큰 영향을 미치는 요인 중 하나다. 그렇다면 국제 유가는 어떻게 결정되는지 궁금해진다. 경제학에서 이야기하는 수요와 공급의 논리에 따라 결정되는 것일까, 아니면 그 외에 다른 요인이 작용하는 것일까? 잘 알려진 사실이지만 우리나라는 중동산 에너지를 수입할 때 원유의 경우 단위당 2퍼센트, 가스는 30퍼센트의 비싼 아시아 프리미엄을 주고 구매한다. 이것도 경제학 논리에 따른 것일까? 참고로 한국, 중국, 일본 세 나라는 전 세계 가스의 60퍼센트 이상을 소비한다. 대량 구매를 하는 주요 고객이 더 비싼 가격에 물건을 구매한다는 건 경제 논리에 맞지 않는다. 국제 에너지 가격의 결정에는 경제 논리로 포장된 정치공학이 숨어 있다. 즉 글로벌 패권을 쥐기 위한 열강, 특히 군사력을 기반으로 한 미국이 글로벌 물류 길목을 지키면서 상황에 따라 자국에 유리한 방향으로 다양한 전략, 전술을 펼치기 때문인 것이다.

미국은 1975년 사우디아라비아와 페트로-달러협약[28]을 맺으면서 걸프 지역은 자국의 '에너지 기지', 일본·한국·중국은 '상품-제조업 기지'로 연결해 글로벌 패권을 유지하기 위한 기둥을 공고히 세웠다. 미국은 자국과 동맹을 맺은 국가에 안정적인 에너지 수급을 보장하면서 원유 구매 시 달러를 사용하게 함으로써 달러의 힘을 더욱 강화해 글로벌 금융을 완전히 장악할 수 있는 기회를 가지게 됐다. 또 원유 공급을 무기로 삼아 동맹국을 관리할 수 있는 더 강력한 힘을 가지게 됐다. 미국은 연간 5000억 달러(600조 원)를 투자해 수에즈 운하, 파나마 운하, 걸프만, 믈라카해협, 남중국해협 등의 주요 해상 물류 루트를 군사력을 동원해 지키는 대신 중동과 동북아시아 3국으로 하여금 미국의 국채를 사들이게 하여 그 부담을 분담하는 다양한 형태의 연결고리 정책을 펼쳐서 자국의 이익을 극대화했다.[30]

또한 1990년대 초 소련의 붕괴는 미국이 에너지와 상품 기지를 기반으로 글로벌 패권을 잡는 데 결정적 기여를 했다. 미국은 걸프라는 에너지 기지와 동북아시아라는 제조업 기지를 분리해 성장시킨 게 아니라, 중동 국가들의 에너지에 동북아시아의 제조업 기지가 의존하도록 가치사슬을 만들어놓은 것이다. 심지어 아시아 프리미엄[29]이라는 불리한 조건으로 중동의 에너지 자원에 75퍼센트를 의존하도록 했다. 동북아시아 3국은 초기에는 이러한 기형적 에너지 수급 구조에 순응할 수밖에 없었으나, 국가 경제가 성장할수록 왜곡된 에너지 수급 구조는 세 나라 모두에 부담스러운 상황이 되어갔다. 이러한 상황은 동북아시아 각국에서 당연히 문제 제기로 이어졌고, 결국 동북아시아 에너지 안전 보장 체제 구축에 대한 논의가 1990년대 후반부터 꾸준히 진행됐다.

한편 이 무렵 세계 에너지산업에 큰 변화가 일어나기 시작했다. 첫 번째는 셰일 혁명을 통한 미국의 에너지 자립이다. 미국의 에너지 자립은 중동의 전략적 가치 하락으로 연결됐다. 두 번째는 중국의 부상과 러시아의 재부상이다. 중국은 미국의 제조업 기지 역할을 통해 축적한 자본을 기반으로 300년 전의 번영을 다시 이루기 위해 성장하고 있고, 러시아 역시 긴 침묵을 깨고 과거 냉전시대의 G2 위치로 돌아가기 위해 노력하고 있다. 즉 러시아는 유럽 중심 정책에서 벗어나 아시아 중심 정책을 기반으로 북극권과 시베리아의 풍부한 에너지 자원을 무기 삼아 재도약을 노리고 있다. 세 번째는 세계 에너지산업의 중심이 원유에서 천연가스와 재생에너지로 넘어가게 되면서 에너지 공급사슬 체계가 변화하기 시작한 것이다.[3] 이 세 가지 요인은 에너지 자원을 달러와 연동해 글로벌 금융을 장악하고 군사력을 기반으로 해상 물류 거점과 루트를 확보한 미국에 큰 도전이 되고 있고, 세계 질서 재편으로도 이어질 수 있는 국면을 만들고 있다. 특히 이 회오리의 중심에 동북아시아가 있다.

현대 사회에서 에너지는 생명줄과 같다. 얼마 전 미국 NASA가 인공위성으로 찍어 제공한 한반도 야경 사진이 좋은 예라고 볼 수 있다. 이 한

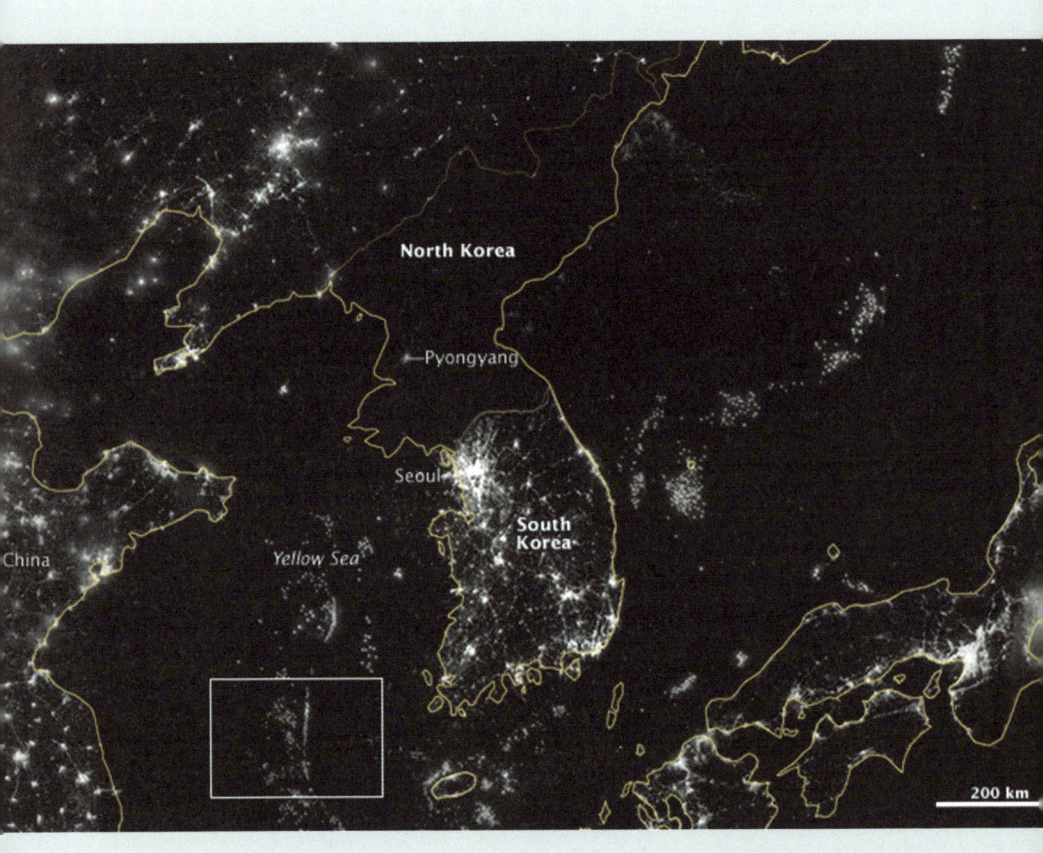

한반도 야경(인공위성 사진)
출처: NASA 홈페이지(https://earthobservatory.nasa.gov/images/83182/the-koreas-at-night), 2014, 검색일: 2018년 11월 5일

장의 사진이 에너지가 생명이라는 것을 분명히 보여준다. 에너지 공급선이 끊긴 북한의 밤은 암흑 그대로이고, 반면 우리나라의 밤은 불빛으로 가득하다. 수입된 에너지가 전기로 빛을 발하고 있고 이것이 국가의 경제력을 보여주는 주요 지표가 되는 것이다. 그런데 이러한 에너지를 수출입하기 위해서는 물류가 필요하다. 물류는 결국 글로벌 에너지의 공급 사슬을 책임지는 중요한 수단이 되는 것이다. 미국이 수백조 원대의 돈을 투자하면서 지키는 요충지는 모두 물류 거점이다. 수에즈 운하, 파나마 운하, 걸프해협, 믈라카해협 등이 그러한 곳으로, 미군이 주둔하거나 항공모함이 활동하고 있다.

반대로 미국이 해당 물류 거점을 쥐고 있는 동안 가장 큰 고통을 겪어온 국가가 중국과 러시아다. 이 두 나라는 글로벌 패권을 놓고 미국에 도전하고 있는데, 전략적 물류 거점의 주도권을 빼앗긴 상태에서는 자국의 국력을 외부로 확장시키지 못한다는 것을 잘 알고 있다. 그래서 러시아는 표트르대제(1672~1725) 때부터 남진 정책으로 크림반도를 장악했고, 이를 기반으로 흑해로 진출했다. 이후 중동 지역을 확보해 남진을 계속하려고 했으나, 미국이 사우디아라비아를 중심으로 걸프만의 수니파 국가들을 통해 시아파 국가인 이란, 이라크, 시리아를 방패막이로 삼아 전쟁을 계속하면서 러시아의 남진을 막아왔다.

최근 러시아는 기존의 유럽 중심 정책을 포기하고 아시아 중심 정책으로 선회하면서 북극항로라는 새로운 물류 루트 개발과 천연가스(LNG) 및 재생에너지로의 글로벌 에너지 구조 재편을 기반으로 글로벌 패권에

재도전하고 있다. 이는 미국의 견제를 벗어나 북극항로라는 물류 루트와 극동러시아라는 물류 거점을 기반으로 새로운 에너지 물류를 만들어보려는 의도다.

한편 2010년 이후 국력에 자신감을 가진 중국은 '일대일로(一帶一路, Belt and Road Initiative)'라는 국가 전략을 통해 미얀마 차우퓨항,[32] 파키스탄 과다르항[33] 등을 개발하면서 미국이 지키는 동남아시아의 믈라카해협을 우회해 중동과 아프리카의 자원을 확보할 수 있는 물류 거점을 만드는 중이다. 또 2018년 1월 발표한 빙상 실크로드라는 국가 전략을 통해서는 러시아와 협력해 북극항로에서 주도권을 확보하기 위해 새로운 노력을 기울이고 있다. 얼마 전 핀란드에서 열린 북극이사회에서 마이클 폼페이오 미국 국무장관이 러시아와 중국의 북극 개발과 참여에 대해 크게 비난한 것은 일종의 견제인 것으로 보인다.

미국은 글로벌 패권을 지속적으로 확보하고 싶어 한다. 이는 그들의 전략적 행동을 보면 알 수 있다. 지난 수년간 국토를 초토화한 시리아전쟁은 미국과 러시아 간 힘의 충돌이라고 할 수 있는데, 중동의 전략적 가치 하락으로 이 전쟁은 더욱 갈피를 잡지 못하고 장기화되는 상황이다. 미국은 자국의 셰일가스를 기반으로 에너지 가치사슬 구조를 변화시키고 있고 중동의 원유 대신 자국의 셰일가스 수출에 노력을 기울이고 있다. 이는 이미 미국이 자국의 동남부 지역에 가스 수출 항만을 건설하는 데서도 확인할 수 있다. 또 북극권 국가가 북극항로를 활용하려는 노력에도 무관심으로 일관하던 미국이 앞서 언급한 것처럼 2019년 북극이사회에서 러시아와 중국의 북극항로 개발을 비난한 것도 자국의 셰일가스 수출에 경쟁자가 될 러시아와 중국의 북극 천연가스 물류 루트를 사전에 견제하자는 취지로 풀이된다. 남방항로를 주도하던 것에서 나아가 미국은 에너지 공급사슬 체계가 원유에서 천연가스 등으로 바뀌는 상황에서 북극항로의 물류 거점과 루트를 기반으로 글로벌 패권을 이어 나가겠다는 전략인 것이다. 이미 남방 물류 루트는 미국이 장악한 상태이고, 새로운 변화는 에너지 자원 수출을 위한 북극 지역 항만 건설과 북극항로 개척을 추진 중인 러시아, 러시아의 북극권 항만 개발에 참여하는 중국 그리고 셰일가스 수출을 위해 에너지 수출 항만을 건설하는 미국 등에서 찾을 수 있다.

에너지 공급사슬 변화로 촉발된 글로벌 패권 경쟁이 에너지 최대 수입 지역인 동북아시아로 빠르게 이동하고 있다. 글로벌 에너지의 최대 소비지인 동북아시아는 과거 중동 의존 정책에서 벗어나 에너지 다변화 정책을 추진하고자 준비하고 있고, 중국은 다양한 전략을 통해 실행 중이다. 일본 역시 미국의 눈치를 보면서도 자국의 에너지 안보와 이익을 위해 최선을 다하고 있다.

그러나 우리나라는 격동하는 글로벌 에너지 패러다임 변화에 미흡한 대응을 보이고 있다. 또한 에너지 패러다임을 주도해 나갈 수 있는 전략적 물류 거점이나 물류 루트 개발에 소극적이다. 중국과 일본은 미국의 LNG(셰일가스) 수입을 최소화하면서 에너지 수급의 다양화를 노리는데, 반면 우리나라는 이미 미국 LNG의 2대 수입국이다. 우리나라는 에너지 자원 수입처를 중동에서 미국으로 바로 전환하고 있는 듯 보인다. 미국은

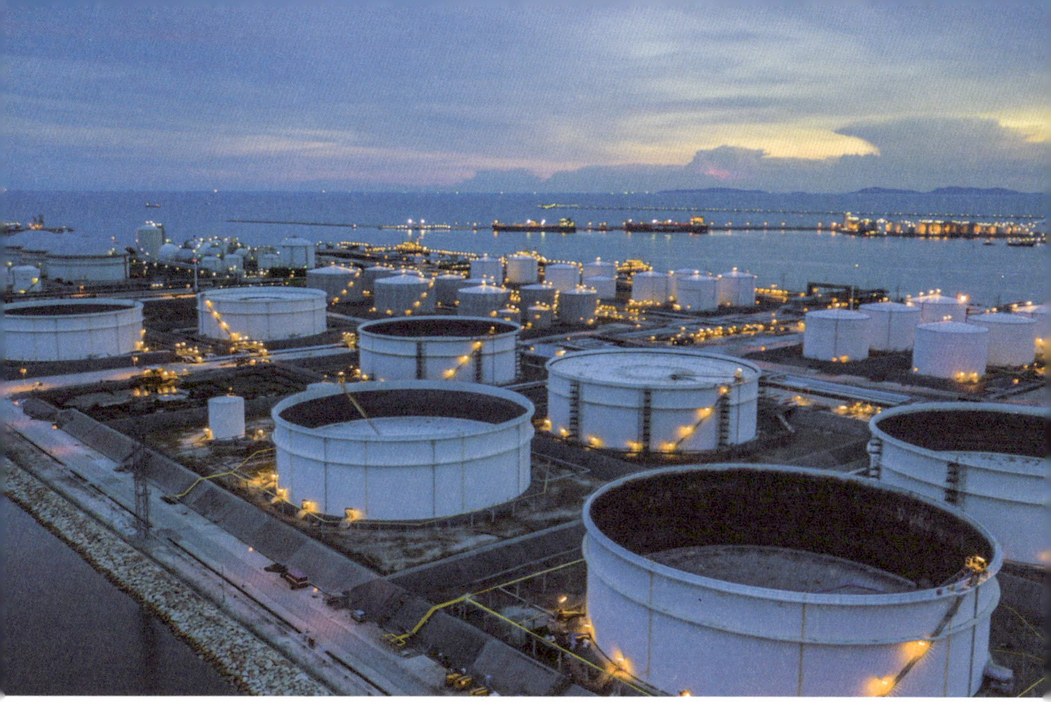

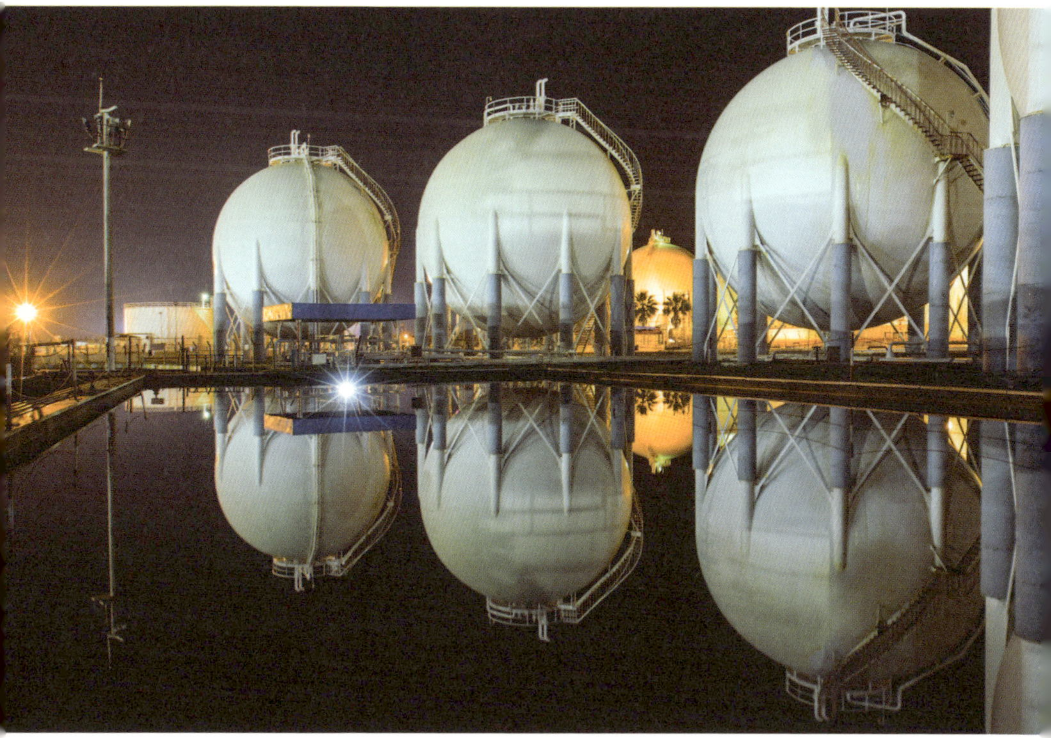

2017년 기준 1500만 톤의 LNG를 수출했는데, 이 추세라면 미국의 LNG 수출량은 2020년 7000만 톤으로 늘어날 전망이다. 미국은 우리나라가 중동과 LNG 수입 장기 계약이 만료되는 시점을 이미 계산에 두고 있고 더욱 통상 압박 등을 통해 자국의 LNG 수입을 요구할 가능성이 높다.

한편 중국은 러시아와 이미 손을 잡고 파이프라인(PNG)과 해상으로 수송되는 LNG를 대량 수입하는 계약을 체결했다. 또 북극항로의 5대 항만에 대한 공동 연구를 진행 중이고, 이를 기반으로 해당 항만을 개발할 것으로 전망된다. 일본 역시 러시아 사할린에서 생산되는 LNG의 수입량 확대를 위해 러시아와 협상 중이며, 러시아 북극 에너지의 환적 거점이 될 페트로파블롭스크캄차츠키항(캄차카반도 소재) 개발 사업에 참여를 전제로 컨설팅을 해주고 있다. 모두 향후 자국 에너지 수급의 다양성 확보와 함께 시장 협상력 제고를 위해 노력을 기울이고 있다.

하지만 우리나라는 2010년 이래 세 차례 북극항로 시범 운항이 있었으나 본격적인 상업화에는 참여하지 못하고 있다. 러시아의 북극 지역 야말반도에서 생산되는 천연가스 수송에 우리나라 조선사가 발주한 선박이 이용되고 있지만, 수송에는 직접 참여하지 못하고 있다. 또한 북극항로를 따라 개발될 항만 물류 거점 사업에도 전혀 참여하지 못하는 것이 현재 상황이다.

글로벌 패권을 우리가 논하는 건 한계가 있다. 그러나 강대국의 패권 전쟁에서 우리나라의 이익을 최대화하고 리스크를 최소화하기 위해서는 패권의 흐름에 따라 움직이는 에너지 자원의 동향을 빨리 파악하고 그에 상응하는 물류 루트와 거점을 선제적으로 개척할 필요가 있다. 우리나라의 지경학적 장점을 극대화하는 방향에서 에너지 물류를 파악하고 그에 상응한 정부의 정책 마련이 시급한 상황인 것이다. 새로운 정권이 들어설 때마다 국민의 안정적인 에너지 수급을 위해 다양한 정책을 수립하고 있다. 다만 그 정책의 실효성이 문제다. 글로벌 흐름을 읽으면서 이익을 극대화할 수 있는 정교한 정책과 실현 가능한 세부 계획이 필요하다. 글로벌 에너지 패러다임의 변화 중 특히 우리나라는 에너지 공급처 결정과 함께 에너지 공급사슬과 연결된 국제물류 관련 세부 전략과 사업 마련이 절실하다고 하겠다.

향후 5년 이내에 구축될 글로벌 에너지 공급사슬 체계는 최소 30년 이상 세계 시장의 질서를 결정할 중요한 사항이다. 그래서 정부는 한 분야에 국한된 정책이 아니라 에너지, 물류, 조선, 철강, 자원 개발, 금융 등으로 연결된 산업의 연결고리를 잘 이해하고 관련 분야를 모두 아우르는 포괄적이고 미래 지향적인 대안을 시급히 마련해야 한다. 원유의 대체재인 천연가스에 대한 포스트 중동 관련 정책을 포괄적 관점에서 추진해야 할 것이다. 미국의 셰일가스로 완전한 전환을 할지, 아니면 러시아의 북극 천연가스와 호주 등의 다른 가스로 다변화를 할지, 그리고 에너지 수입만 생각할 것이 아니라 수송은 어떻게 하고 해당 운송 선박 건조는 어떻게 할지, 중간 환적 물류 거점에 대한 우리 기업의 진출은 어떻게 할지 등에 대한 포괄적인 정책이 필요하다. 결론적으로 에너지 패러다임 변화에서 촉발된 동인을 통해 우리 기업의 해외 진출과 에너지 물류 네트워크 구축 전략을 재정립할 시점이다.

포스트 코로나를 대비하라

글로벌 감염병인 코로나19의 창궐은 2018년부터 시작된 미국과 중국 간 무역 전쟁, 한국과 일본 간 무역 갈등 등으로 드러난 글로벌 공급망의 취약성을 다시 한 번 확인하게 해주었다. 코로나19 감염으로 인한 두려움이 사람의 이동뿐 아니라 상품의 이동까지 경색시켰고, 이로 인한 글로벌 공급망의 붕괴와 경제활동 침체는 공항과 항만의 물동량 감소로도 이어지고 있다. 국가 간 이동 화물의 감소는 글로벌, 지역 물류 네트워크를 위축시키면서 대규모 실업과 함께 글로벌 경제 위기로 다시 이어지는 악순환이 진행되고 있다.

전 세계 경제활동에서 글로벌 감염병 확산 현상으로 부상되는 중요한 문제는 기존 중국으로 집중된 글로벌 공급망의 위험도가 크게 높아졌다는 것이다. 중국에 집중돼 있던 글로벌 공급망이 중국의 불투명한 코로나

19 대응, 미중 무역 분쟁 등으로 인해 리스크가 급증하면서 '비용 중심의 효율성'에서 '안정 중심의 유연성'을 확보할 수 있는 방향으로 변화하고 있다. 결국 안정 중심의 유연성은 기업의 입지 선택이나 상품의 재고 방식에 새로운 기준을 제시하고 있다.

한 예로 애플은 올여름부터 새로운 공급망관리(SCM) 실험에 나선다. 신형 아이폰 모델을 미리 생산한 후 재고를 쌓아두고 판매한다는 전략이다. 이는 물류 분야의 적시생산(JIT, just-in-time) 방식과 정반대되는 개념으로, 비용적 효율성에 배치된다. 이는 애플의 글로벌 공급망이 가지는 취약성 때문으로, 경쟁사인 삼성과 크게 비교된다. 기존 애플의 SCM 전략은 적시생산 방식을 만들어낸 토요타보다 더 발전시킨 것이라며 시장에서 지지를 받았다. 그러나 비용 효율성, 즉 중국으로 글로벌 공급망을 집중시킨 이 자랑할 만한 전략은 미중 무역 갈등으로 1차 충격을 받고 코로나19로 2차 충격을 받자 이른바 전통 방식으로 전환할 수밖에 없게 된 것이다.

애플은 그동안 제품 설계나 상품 디자인과 같은 지식 집약적 초고부가가치 부분만 미국에 남겨두고 생산 비중의 90퍼센트를 중국에 집중해왔다.[34] 반대로 삼성은 전 세계 37곳에 생산시설을 분산했고 중국에서 생산되는 비중은 15퍼센트 이내로 코로나19, 미중 무역 분쟁에서 비교적 자유롭게 글로벌 공급망을 관리하고 있다. 중국 중심형인 애플의 글로벌 공급망과 전 세계 분산형인 삼성의 공급망을 비교해보자. 애플의 효율적 비용 중심 공급망은 공급망의 간소화나 단일 생산기지 집중으로 코로나19와 같은 세계적 감염병 유행이나 미중 무역 분쟁과 같은 정치적 문제가 발생할 경우 공급망 리스크가 높아지는 반면, 삼성의 공급망 다변화와 분산형 생산기지는 공급망의 유연성을 제고해 이런 리스크 관리에 유리하다.

기업은 과거 생산 효율성 위주의 저렴하고 시장과 인접한 곳으로 생산시설 입지를 이전했으나, 이제는 글로벌 공급망의 안정성과 유연성을 중시하면서 입지 다변화와 신뢰 가능한 대체 공급망을 확보하는 데 집중하고 있다. 코로나19의 세계적 유행 이후 중국 중심의 공급망에서 중국 플러스 원(China+1) 또는 탈중국 가속화, 다양성 확대의 형태로 글로벌 공급체계가 만들어질 것이고, 이에 따라 물류 체계도 변화할 것이다.

우선 글로벌 기업은 시장과 안정성이 보장된 자국으로 이동하는 리쇼링(re-shoring)[35] 혹은 니어쇼링(near-shoring)[36]을 추진하거나 중국 플러스 원으로 새로운 입지를 찾는 중이다. 이 중 고부가가치 산업군의 경우 사회적 투명성과 신뢰성을 기반으로 한 새로운 입지를 선정하고 이 지역을 중심으로 글로벌 공급망을 구축할 것이다. 이러한 현상 간의 교집합을 보면 포스트 코로나의 가장 우수한 대응국인 우리나라가 안정적 물류 체계와 투명성에 기반한 신뢰 사회, 열린 금융 구조를 통해 첨단 글로벌 공급망의 중심이 될 가능성이 높다.[37] 어떠한 상황에서도 신뢰가 가능한 곳에서 기업이 사업을 하고 싶어 하는 것은 당연하므로 이는 중요한 생산 거점이자 물류 거점으로 이어질 수 있다. 다만 우리나라의 경제와 기술 수준을 고려할 경우 저부가가치 제품보다는 고부가가치 제품 생산 거점으로 성장할 가능성이 높고, 유라시아와 대양, 아시아와 유럽, 북미를 연결하는 주요 물류 거점으로서 그 역할을 강화할 수 있을 것이다.

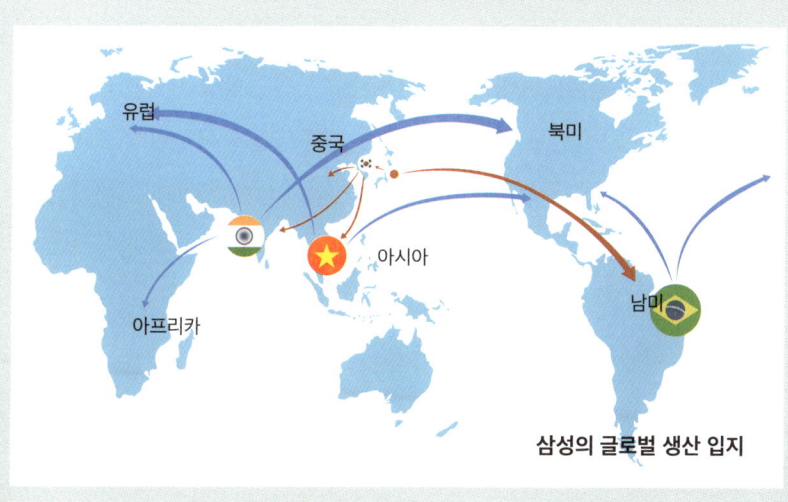

삼성의 글로벌 생산 입지

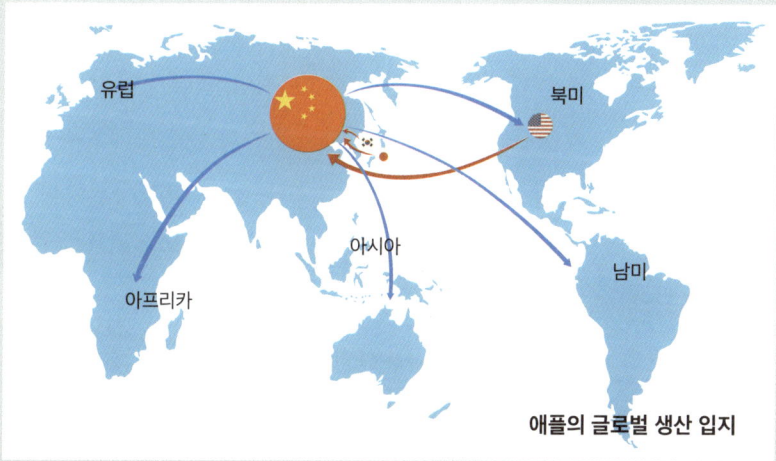

애플의 글로벌 생산 입지

삼성과 애플의 글로벌 생산 입지 비교[38]

세계가 변했다, 물류가 달라졌다

이제 포스트 코로나로 인해 뉴노멀 시대가 올 것이고, 글로벌 공급망의 변화는 새로운 물류 체계를 구축할 것이다. 이를 대비한 새로운 모습의 물류 환경이 필요하다. 비대면 산업 기술은 4차산업혁명 기술과 연계된 디지털 인프라를 기반으로 성장할 수 있다. 물류산업은 디지털 기술과 가장 밀접하게 연계된 산업이기도 하다. 만약 글로벌 고부가가치 기업의 생산 거점이 우리나라에 입지할 경우 유연성 확보에는 유리할 수 있으나 비용 부분은 여전한 숙제일 것이다. 따라서 우리나라가 글로벌 기업이 요구하는 효율성, 안정성과 경제성을 동시에 만족시킬 수 있는 방법은 최적의 디지털 물류 체계를 제공하는 것이 효과적인 대안이 될 수 있을 것이다. 최근 언급되는 4차산업혁명 기술은 사물인터넷, 빅데이터, 인공지능, 로보틱스(Robotics), 클라우드 컴퓨팅의 5대 핵심 기술과 이와 연계된 주변 기술로 구성된다. 대부분 물류산업과 밀접한 기술이지만, 특히 무인 트럭 혹은 무인 선박과 같은 자율주행 기술, 화물 보관과 관리와 예측 등에 사용되는 빅데이터 기술, 전체 물류 과정을 관리할 수 있는 블록체인 기술 등이 물류산업에 빠르게 접목될 필요가 있다. 이와 함께 개발된 기술이 상용화되기 위해 필요한 법적, 제도적 뒷받침도 시급하다. 사실 우리나라는 기술 능력의 빈곤보다는 개발된 기술이 상용화되는 데 필요한 법과 제도의 준비 부족이나 기득권층 또는 각 조직과의 사회적 합의 실패로 사장되거나 아직 적용되지 못하고 시간을 허비하는 경우가 많다. 이에 대한 고민과 해결을 위한 노력이 절실히 필요하다.

한반도가 가지는 물류 차원의 지경학적 장점과 글로벌 감염병 대응에서 보여준 투명하고 안전한 사회 구조를 기반으로 우리나라는 새로운 글로벌 공급망 기지가 될 가능성이 높다. 따라서 현재 눈앞의 이익만이 아니라 국가 전체, 후손의 미래 그리고 글로벌 공급망의 안정성 제고를 위해 넓고 대승적 차원에서 기존 물류 인프라의 디지털화와 디지털 기술의 물류 분야 상용화에 적극 나설 필요가 있다.

맑고 깨끗한 항만도시로

한강, 물류의 중심으로 세우자

4차산업 기술로 꿈꾸는 한반도의 미래

남북한 물류를 통합할 철도

반복되는 역사 속, 한국 해운산업의 운명은?

미래를 여는,
물류

맑고 깨끗한
항만도시로

새해의 일출을 보고자 많은 사람이 동해, 서해, 남해로 모여드는 바람에 도로 교통 정체를 빚었다는 이야기는 이제 새로운 해가 되면 듣는 일상적인 뉴스다. 바다 위로 떠오르는 해를 바라보면서 한 해의 희망을 담아 소원을 빌고픈 게 어느덧 우리의 전통이 된 듯하다. 살다가 일이 잘 풀리지 않고 스트레스가 쌓이면 사람들은 바다를 찾아 맑은 공기를 마시고 탁 트인 수평선을 바라보면서 정신적, 육체적 회복을 희망한다. 그런데 진짜 바다, 특히 항만도시인 부산, 인천 등의 바다가 우리가 정말 힐링할 수 있을 만큼 깨끗한 곳인지에 대해서는 의문이 생긴다.

    우리나라 제2, 제3의 도시는 항만도시다. 사실 제1의 도시인 서울도 서해와 한강으로 연결되는 서울항이라는 공식적인 이름을 가지고 있으니 우리나라의 주요 대도시는 대부분 항만도시라 할 수 있다. 우리나라의 대표 항만도시 부산과 인천은 과거 경제성장의 주역으로 '한강의 기적'을 이룬 숨은 공로자다. 1960~1970년대 한국전쟁으로 피폐해진 경제를 재건하는 과정에서 가장 먼저 추진된 외국의 원조 사업 중 하나가 부산과 인천에 새 부두를 건설하는 것이었다. 당시 전쟁으로 피폐해진 가난한 한국은 자원도 없고 북한이라는 안보적 위험도 있는 곳으로 짧은 기간 내의 경제성장은 불가능하다는 게 전문가들의 일반적 견해였다.

그러나 근면한 국민성을 가진 우리는 부족한 자원을 수입해 제조, 생산하고 다시 수출하는 형태의 가공무역 방식으로 세계가 놀랄 만큼 단기간에 전후 복구는 물론 세계 10위권의 경제 대국을 이루어냈다. 이 과정에서 가장 크게 기여한 인프라는 두말할 것도 없이 항만이다. 우리 머릿속에 그려지는 우리나라의 산업도시는 대부분 항만도시일 것이다. 부산, 인천은 물론이고 울산, 포항, 창원, 여수, 목포, 군산, 평택 등이 왜 산업 중심지인지 쉽게 이해가 가는 것이다. 그런데 과거 우리 경제를 견인해온 항만도시가 현재 새로운 선택의 갈림길에 놓이게 됐다. 그 이유는 항만의 선박과 하역 장비에서 발생하는 대기와 수질 오염 물질 때문이다. 이로 인해 항만이라는 공간을 다시 생각할 수밖에 없는 상황에 처하게 된 것이다.

최근 미세먼지로 전국이 홍역을 치르고 있다. 미세먼지는 상당 부분이 중국의 공장, 발전소, 차량 등의 오염원에서 만들어져 북서풍을 타고 우리나라를 덮치는 것이지만, 많은 양의 오염물질이 우리나라에서도 발생하고 있다. 이러한 이유로 정부, 지자체는 화석 연료를 사용하는 발전소에 규제를 강화하고 노후화된 디젤 차량의 도심 진입을 제한하고 있다. 또 친환경 발전소 건설과 전기, 수소 자동차 등 친환경 차량 지원금제도도 만들어서 환경 개선에 노력을 기울이고 있다. 이와 같이 국민의 건강을 위해 정부, 지자체 그리고 국민 스스로 신경을 많이 쓰는데도 아직 제대로 관리되지 못하는 곳이 있다. 바로 항만이다.

전 세계 인구의 70퍼센트가 바다 주변, 즉 항만도시에서 산다. 우리나라 역시 항만도시의 범위를 어떻게 정하느냐에 따라 다르겠지만, 앞에서 언급한 것처럼 국민의 절반 이상이 항만과 연결된 항만도시에서 직간접적으로 살고 있다고 할 수 있다. 우리에게 경제성장의 기반이 됐고 지금도 우리나라 경제의 중추 역할을 하는 항만 시설이 항만도시에 사는 시민에게는 환경적으로 부정적 영향을 미치고 있는 것이며, 그 대응이 시급한 상황이다.

세계의 주요 연구 기관은 항만 혹은 선박이 발생시키는 대기오염에 대해 연구를 진행하고 있다. 중국의 《차이나 데일리(China Daily)》 아시아판 등은 고유황유 사용 선박 한 척이 발생시키는 황산화물(SOx), 질소산화물(NOx) 등의 대기오염 물질이 트럭 50만 대 분량과 같다고 발표했다. 선박의 크기와 항행 속도, 노후 정도 등에 따라 차이는 있지만 그 정도가 엄청나서 선박의 대기오염 수준은 다른 교통 물류 수단과 비교해 타의 추종을 불허한다. 또한 우리가 일반적으로 알고 있듯이 차량이 공회전할 때 매연 발생량이 훨씬 많은 것처럼 항만에 접안한 선박이 입출항 시와 자체 전력 확보를 위해 엔진을 가동할 때 발생하는 매연은 항행 시보다 훨씬 높을 것으로 추정할 수 있다.

결국 이러한 대기오염 물질은 항만 배후에 거주하는 도시민의 건강을 해치는 심각한 원인이 된다. 그런데 왜 특히 선박에서 발생하는 대기오염 물질의 양이 많은 것일까? 그것은 선박의 연료에서 찾을 수 있다. 일반적으로 선박이 사용하는 연료인 벙커시유(bunker fuel oil C)[1]는 원유를 정제하고 남은 가장 마지막 물질인 피치(아스팔트의 원료)보다 조금 상위 제품이다. 당연히 이러한 저급 연료를 사용하면 다량의 대기오염 물질이 발생할 수밖에 없고, 이는 국민의 건강에 치명적 영향을 미치게 되는 것이다. 저급 연료를 사용하는 이유는 그것이 경제적이기 때문인데, 우리나라 수출입 화물의 99.6퍼센트, 전 세계 화물의 80~90퍼센트가 해운을 이용하는 것은 대량 화물을 저렴하게 운송할 수 있기 때문이고, 그 이면에는 싼 연료가 큰 역할을 한다. 얼마 전 독일의 한 연구 기관에서 발표한 내용에 따르면 세계 최대의 오염 항만 10곳에 부산항이 포함됐다.[2] 부산시민이 보면 깜짝 놀랄 결과일 테지만, 사실 세계적 항만, 즉 선박이 가장 많이 오가는 항만이 가장 오염된 항만일 것이라는 사실은 상식적이다.

그러면 사람들은 선박 연료를 최근 국제해사기구(IMO)가 권고하는 저유황유로 바꾸면 되지 않겠느냐고 간단히 생각한다. 그런데 전 세계의 선박이 현재 사용하는 고유황유 대신 저유황유[3]로 바꿀 경우 대략 150억 달러(16조 원)[4]가 더 든다고 하니 현재 유동성 위기를 겪는 대부분의 선사들 입장에서는 물류비를 대폭 높이지 않는다면 대응하기 어려운 것이 사실이다. 결국 이 물류비는 생산자에게 전가될 수밖에 없고, 우리가 구매하는 물건에 반영되어 상품 가격이 오르는 악순환을 초래할 것이다.

국제해사기구는 선박을 지구온난화의 주범으로 인지하고 2020년 1월 1일부터 현재 사용하는 선박 연료의 유황 함유량을 3.5퍼센트에서 0.5퍼센트로 낮추어 규제했다. 이 문제에 대응하려면 선사들은 저유황유를 사용하거나 스크러버(scrubber)[5] 시설을 선박에 장착해 자체적으로 연료를 정제하거나, 아니면 친환경 연료인 LNG로 추진되는 선박을 신규로 제작하는 방법밖에 없다. 해당 대안 모두 비용과 관련이 있고 현재 세계의 해운 시장은 지속적인 유동성 문제로 여전히 생존을 위한 버티기를 하는 상황이다. 그리고 잘 알고 있듯이 우리나라의 한진해운은 이 버티기 경쟁에서 밀려서 결국 도산했다. 따라서 추가적인 환경 규제로 새로운 친환경 선박을 만들거나 고가의 저유황유를 사용해야 한다는 것은 선사들을 매우 어려운 상황으로 몰고 가는 것이다. 2018년 말 미국의 트럼프 대통령조차 자국 기업의 보호 차원에서 국제해사기구의 환경 규제를 유예해야 한다고 발언하기도 했다. 선사의 운영비가 증가하거나 나아가 경쟁 선사의 도산으로 인한 시장 과점 상태가 되면 결국 비용은 소비자에게 전가되고 따라서 국민의 부담은 늘어나게 되는 연결고리 안에 지금 이 문제가 숨어 있는 것이다.

항만도시의 심각한 대기 환경 문제를 인지한 유럽, 북미 그리고 중국까지도 자국의 항만도시 환경을 개선하기 위해 국제해사기구의 환경 규제 혹은 자체 환경 규제를 적용해 대기오염물질배출관리구역(Emission Control Area, ECA)[6]이라는 해양공간대기관리제도를 시행하고 있다. 우리나라 역시 해양환경관리법을 개정해 환경을 개선하려는 노력을 기울이고

있다. 그러나 정작 선박이 집중적으로 출입하는 항만에 대해서는 ECA와 같은 강력한 관리제도를 도입하지 못하고 있다. 우리나라 경제는 아직도 수출에 크게 의존하고 있고 최근 경기 침체로 국민 생활이 힘들어지는 상황에서 ECA와 같은 환경보호제도를 도입한다면 또 다른 문제를 발생시킬 수 있기 때문이다. 결국 지금 우리는 오염된 환경에서 살면서 경제를 살릴 것인가, 아니면 깨끗한 환경에서 살면서 조금 더 경제적 부담을 질 것인가 하는 선택의 기로에 놓여 있는 것이다.

그런데 이 문제 역시 자세히 살펴보면 단순한 이분법의 논리가 아니다. 정책의 우선순위 문제이자 분배의 합리성에서 해답을 찾을 수도 있을지 모른다. 생활수준이 높아진 우리 국민은 이제 기꺼이 환경 개선을 위해 비용을 지출할 의향을 가지고 있다. 다만 지출 방식의 합리성과 효율성이 중요한 의사결정 기준이 될 것이다. 현재 우리나라에서 발생하는 육상과 해상 오염 모두에 대한 제대로 된 분석과 효과적인 분배를 통한 오염원 관리가 필요한 것이다. 그러나 현재 우리나라 항만도시의 경우 육상과 해상 오염원에 대한 관리와 재정 분배 기준에 비합리성이 존재하는 듯하다.

환경부 조사에 따르면 부산·인천·울산 등 주요 항만도시의 대기오염은 심각한 수준이며, 선박의 미세먼지 배출량은 국내 총 배출량의 약 7퍼센트를 차지한다. 특히 앞에서도 언급했지만, 국립환경과학원이 조사한 내용에 따르면 초미세먼지 배출량 중 항만 관련 비중(비도로 이동 오염원)은 부산 77퍼센트, 인천 33퍼센트, 울산 36퍼센트로 전국 평균 18퍼센트보다 높다.[7] 반면 항만 오염원 관련 예산은 도로 부문에 비해 절대적으로 낮은 수준이다. '제2차 수도권 대기환경관리 기본계획'에 따르면 전체 예산(1조 9366억 원, 2017~2024년)의 73.1퍼센트가 자동차 관련 예산으로, 항만 관련 예산(선박 DPF[8] 부착)은 1퍼센트가 조금 넘는 300억 원에 불과하다. 비합리적으로 예산이 배정돼 있는 것이다.

환경 관련 재정의 비합리적 집행의 근원은 정부의 미흡한 정책보다는 앞에서 언급한 것처럼 국민이 이러한 문제를 제대로 모른다는 데서 기인한다. 항만도시는 대부분 깨끗하고 아름답다는 선입견이 만들어낸 문제일 수도 있다. 결국 이 문제를 해결하기 위해서는 항만도시 내 오염원의 영향 정도를 정확하게 분석해서 합리적인 재정 배분이 이루어져야 한다.

두 번째는 항만 환경 개선 사업을 통해 새로운 고부가가치 창출과 질 높은 고용 창출로 연결하려는 생각의 전환이 필요하다. 고부가가치 친환경 선박 건조를 통한 조선산업의 재기가 가능하며, 육상 전원 공급 장치(Alternative Maritime Power, AMP) 기술과 같은 친환경 기술의 활성화를 통한 신산업 기반 구축이 가능하고, 스타트업 기업을 활용한 오염 물질 정제 기술 등으로 청년층의 신규 일자리 마련 등이 가능할 것이다. 환경 개선에 항상 막대한 재정이 지출되는 것만은 아니다. 사고를 전환하면 환경을 개선하면서 동시에 오히려 돈을 벌 수도 있는 것이다.

마지막은 항만 혹은 항만도시 자체에 에너지 순환율 100퍼센트의 친환경 에너지 생태계를 구축하는 것이다. 즉 항만도시 혹은 항만에서 소비되는 에너지 전체를 바다와 연안이라는 공간을 활용해 해상 풍력, 태양광, 조력 등을 통해 생산해 자급자족할 수 있는 생태계를 구축하는 것이다. 이렇게 되면 화석연료나 원자력 발전으로 생산된 전기에너지의 공급 없이 자체적으로 에너지를 생성하고 소비하며, 에너지 소비로 인해 발생하는 환경오염을 최소화할 수 있을 것이다. 이러한 항만 에너지 체계가 구축될 경우 우리가 상상하는 맑고 깨끗한 항만과 바다가 다시 우리에게 돌아오게 될 것이다.

한강, 물류의 중심으로 세우자

얼마 전까지만 해도 금방 남북 교류가 확대되고 한반도의 지정학적 리스크가 평화로운 분위기 속에 지경학적 강점으로 전환돼 대양과 대륙을 연결하는 물류 요충지로서 남북의 경제 활성화가 곧 이루어질 것 같았다. 하지만 평화와 경제라는 두 요인을 결합시킨 '평화 경제'라는 개념이 한반도가 공영(共榮)할 수 있는 큰 방향을 제시한 것은 분명하나, 100년 이상 계속돼온 지정학적 리스크는 쉽게 해결되지 않고 있다. 그럼에도 우리는 남북관계가 좋아지고 평화 경제가 실현되는 그날을 위해 철저히 준비해야 한다.

한반도의 물류 관점에서 우리가 준비해야 할 방향은 크게 다음과 같이 정리할 수 있다. 우선 한반도 전체가 유라시아 대륙과 연결돼 대양과 교류하게 되는 랜드브리지(Land-bridge) 개념이다. 두 번째는 남과 북이 단절된 한반도 물류망을 다시 연결하고 표준화하는 사업이다. 세 번째는 한강 하구를 활용한 수도권 물류 체계를 친환경 고효율 체계로 바꾸고, 이 물류 체계를 기반으로 동북아시아의 신국제 분업 체계를 남북 중심으로 구축해 평화 경제의 시작점이자 중심으로 만드는 것이다. 특히 수도권의 친환경 물류 체계 구축과 최적화라는 관점에서 세 번째 방안은 북한과 논의 없이 우리 스스로 실현 가능성과 무엇을 해야 할지 등에 대해서 지금부터 논의하고 준비해도 무방한 사항이다.

우리 주변에 아주 가까이 있는데도 기억에서 멀어진 공간이 있다. 바로 한강 하구다. 한강 하구는 고려시대에는 벽란도라는 무역 거점을 이용한 동북아시아의 상업 중심지 역할을 해왔으며, 조선시대에는 충청도·전라도·황해도·경상도의 조공무역 중심 물류 연결로 역할을 해왔다. 서울의 상업항이던 마포나루로 오기 위해 강화도에서 한강 하구까지 이어지는 물길에 강녕포·조강포·마근포라는 세 곳의 바다 포구가 있었고, 이 포구들은 위치와 특성에 따라 각각 제 역할을 해왔다. 당시 충청도와 경상도의 조공품[9]은 남한강 상류를 이용해 동에서 서로 한강을 타고 내려와 광나루·송파나루 등을 거쳐 마포나루에 모였다. 이렇듯 조선시대에는 바다(서해)와 내륙을 이용하는 양방향 물류 체계를 가지고 있었다.

한강은 조선시대와 일제강점기까지 우리나라의 곡창 지대이자 인구 고밀 지역의 산물을 모으는 기능을 해왔다. 70년 전까지만 해도 한강은 포구를 중심으로 서울과 수도권의 중요한 물류 기반을 구축했는데, 1950년 한국전쟁이 발발하고 이후 해당 지역이 파괴되고 주변 지역이 출입 금

조선시대 한강의 물류 거점

한강 마포나루

지 구역이 되면서 역사 속으로 사라졌다. 당시 서울의 포구였던 마포는 프랑스 함대가 서강(한강의 마포 지역 이름) 하중동 앞에서 시위를 벌여 병인양요의 도화선이 된 곳으로, 서울에 철도가 부설되기 전까지는 전국의 물화(物化)가 집산(集散)되던 중심지였다. 이러한 이유로 시장이 형성됐고 오가는 상인과 주민 간 교류의 장이 됐다. 그 흔적으로 배후에 광흥창(廣興倉)과 같은 물류 창고¹⁰가 있었고, 마포나루 근처에는 전국에서 올라온 물건을 거래하려고 모인 상인의 허기를 채워줄 식당이 번성했다. 이들 식당이 역사를 이어오면서 현재 마포라는 이름으로 시작하는 고깃집의 기원이 됐다."

남북관계가 개선되고 남북의 재화가 서로 이동할 수 있게 된다면 한강 하구는 과거처럼 서울의 물류 체계에 큰 역할을 할 수 있어야 한다. '왜 한강 하구 수로를 이용해야 하는가'는 서울과 수도권의 현재 물류 체계 문제와 연계돼 있다. 현재 서울시는 물류 체계를 개선해 환경 개선과 최적화를 동시에 도모하고자 한다. 그러나 서울시의 노력에도 큰 성과는 거두지 못했다. 서울시는 5년 단위로 지역물류기본계획을 수립하고 있으며, 2017년 수립된 3차 계획은 2018년부터 2027년까지로 '국가물류정책기본법'에 근거를 둔다. 이 계획은 2차 계획의 내용인 도시 물류 기반 시설 강화 전략, 지속 가능한 물류 체계 구축 전략, 도시 경제 활성화 지원 전략을 평가하고 이를 개선하거나 새로운 방향과 전략을 모색하는 것이다. 특히 2차 계획을 실현하는 데 제일 문제가 된 물류 간선망 개선, 물류 공동화 사업, 도시 내 물류 환경 개선, 친환경 물류 체계 조성 등에 대해 개선 방향과 정책

수단 등을 제시했다.

　그러나 현재 서울시 물류 체계 문제에 대한 개선 방향은 제시됐으나 그 성과는 미흡한 상황이다. 여기에는 여러 가지 요인이 있겠으나 서울시민의 물류 시설에 대한 부정적 인식과 민원을 우려한 제한된 개선 정책이 제일 큰 이유일 것이다. 특히 수도권의 물류 체계는 대기 환경오염 개선에 취약하다. 환경부의 발표에 따르면 경유 차는 수도권 미세먼지 배출원 1위를 차지한다. 경유 차 가운데 운행 빈도가 가장 많고 생활 밀착형인 1톤 트럭은 전국에 대략 230만 대가 운행 중이다. 안타까운 사실은 1년간 16만 대의 1톤 트럭이 판매되는데, 99.9퍼센트가 경유 차라는 점이다. 국회는 경유 차 감축을 추진하고 LPG 화물차에 대한 보조금 지급과 LPG 차 사용 제한 폐기 등으로 친환경 자동차 보조금 확대 정책을 승인했다. 그러나 오염 배출원 축소도 중요하지만, 해당 배출원의 효율적인 관리 체계 마련을 통한 친환경 생태계 구축도 중요하다.[12]

　한편 앞에서도 언급했듯이 서울과 수도권 주민은 물류 체계 개선에 비협조적이다. 주민들은 물류 체계 개선을 위해 도입되는 여러 시설 중 특히 물류센터, 화물차 주차장 등이 생활 불편과 부동산 가격 하락 등을 불러올 것이라고 생각하는데, 일부는 사실이기도 하다. 이러한 인식 때문에 대량 화물을 효과적으로 수송해야 하는 대형 트럭이 사라지고 저효율의 소형 트럭이 서울시와 수도권을 빈번하게 왕래하게 되어 결국 교통 체증과 환경오염의 이중고를 겪을 수밖에 없는 것이다. 결국 전면적인 물류 체계 개선이 필요하다. 국지적이고 부분적인 개선으로는 한계가 있다.

그 해결책의 하나로 한강 하구의 물류 체계를 광역적으로 활용하는 것을 꼽을 수 있겠다. 아마도 서울과 수도권의 물류 체계를 전면적으로 개선할 수 있을 것이다. 현재 서울시의 물류 체계 구조는 주변 수도권에 의존하는 상황으로, 앞에서 언급한 대기오염 문제를 그대로 가지고 있다. 그래서 3차 지역물류계획에서는 이를 개선하기 위한 대안을 제시한다. 그러나 이 역시 궁극적인 해결에는 한계가 있다. 따라서 한강을 활용하는 근본적 물류 체계 개선 방안을 제안하는 것이다. 수운 중심의 대량 물류 거점을 강북과 강남의 한강 둔치로 분산 배치하면 이를 통해 지역민의 님비(NIMBY) 현상[13]도 피하고 대량 화물도 처리할 수 있다. 소량 화물은 기존의 육상 물류 체계를 이용하면 되는데, 즉 서울시내 물류센터와 수도권 연계 물류 체계를 활용할 수 있을 것이다.

또한 해상과 육상의 양방향 물류를 한강 물류 거점을 중심으로 친환경, 고효율 복합 물류 체계로 구축하는 방안이 있다. 과거 정부에서 주장했던 운하 건설과 같은 개념이 아니라, 막힘없는 물류 체계 구축을 위해 서울의 다양한 물류 루트를 활용해 최적화하자는 의미다. 서울시의 간선 물류 체계는 해상을 통해 한강 중심으로 구축하고, 지선 물류 체계는 현재의 육상 물류망으로 연계하는 방안이다. 현재 한강은 하구 지역의 안보 리스크만 해결된다면 활용할 수 있는 상황이다. 2010년 여의도 지역에 서울항이 지정됐고 하구의 양화대교 등에 대한 교각 설계 변경이 실시돼 한강은 선박의 통항이 가능한 상태다. 이외에 한강 하구의 신곡수중보 일부만 개선한다면 물리적인 통행에는 큰 문제가 없다. 최근 경인아라뱃길의 운영

실적이 처음 계획 수준[44]에 크게 못 미쳐서 해당 물류 기능을 레저 시설로 전환한다는 발표가 있었다. 이 역시 현재 서울의 물류체계가 한강을 통해 제대로 구축되지 못한 이유가 큰 것으로 보인다. 한강 하구가 열리게 되면 경인아라뱃길의 활용도도 높아질 수 있고, 다수의 물류 루트를 이용해 서울에서 자체 발생하는 물동량과 남북 교류로 인해 발생할 물동량이 교차되면서 다양한 물류 비즈니스가 가능해질 것이다.

한편 한강 하구를 활용한 대량 물류 체계로 인한 오염 문제는 내륙 수운을 잘 활용하는 유럽 선진국의 사례를 활용해 해결할 수 있을 것이다. 즉 친환경 선박만 한강을 운항하게 하고 한강둔치 주변의 물류 거점을 기반으로 친환경 복합 물류 체계를 동시에 구축해서 환경 개선 효과를 극대화해야 한다. 내륙 수운이 발달한 독일, 네덜란드 등에서는 전기 혹은 LNG로 추진되는 화물선, 예인선, 관광선 등을 활용해 대량 화물이나 많은 사람이 이동해도 오염 발생을 최소화한다. 이를 참고하면 국가와 지역의 물류 체계 개선에 큰 도움이 될 것이다.

언제 남북관계가 개선될지 예측할 수 없다. 그러나 언젠가는 남북이 자유롭게 교류하는 날이 올 것이다. 따라서 서울을 포함한 수도권의 고효율, 친환경 물류 체계 개선은 우선순위로 진행돼야 한다. 남북관계 개선 이후로 미룰 일이 아닌 것이다. 지금부터라도 최소한 한강 하구 이용을 포함한 서울과 수도권의 물류 기본 계획을 수립해 물류 비효율로 발생하는 환경오염과 비용 등을 최소화할 수 있는 적극적인 대처가 필요하다.

4차산업 기술로 꿈꾸는 한반도의 미래

4차산업 기술은 세계적으로 미래의 먹을거리로 주목받고 있다. 우리나라 역시 4차산업 기술의 개발 및 접목을 통해 새로운 국부를 창출하고 지속 가능한 발전의 원동력으로 활용하고자 노력하고 있다. 4차산업 기술은 민간뿐 아니라 국가 경제의 지속 가능한 성장을 위해 노력 중인 정부 입장에서도 중요한 화두다. 정부는 국정 추진 단계부터 대통령 직속의 4차산업혁명위원회를 조직해 4차산업 기술 발전을 중요한 국가 정책의 목표 가운데 하나로 삼아 추진하고 있다. 특히 4차산업 기술 도입으로 가장 먼저 효과를 보는 분야는 물류와 유통 업계가 될 것으로 전망되는데, 최근 물류산업과 유통산업이 통합되면서 최대 수혜 분야로 주목을 받고 있다.

우리나라는 국가의 미래를 밝혀줄 4차산업에 대한 원천기술을 확보하고, 그것을 시장에 빠르게 접목해 수요자 맞춤형 기술로 발전시켜 나가야만 한다. 그러나 4차산업 기술에 대한 국가 차원의 준비와 진행은 생각보다 순조롭지 못한 게 현실이다. 스위스금융그룹(UBS)이 2016년 다보스포럼(Davos Forum)에서 발표한 〈자동화와 연결성의 극단: 4차산업혁명의 국제적, 지역적 투자의 함의〉라는 보고서를 살펴보면 대한민국의 4차산업 기술의 준비 정도를 전 세계 국가 중 25위 수준으로 평가했다. 1위 스위스, 2위 싱가포르, 3위 네덜란드이며, 미국 5위, 일본 12위, 중국 28위 등이었다. 우리가 주목해야 할 부분은 전체 순위가 높고 낮은 것이 아니라, 세부 항목 중 '어느 부분이 낮은가', '해당 항목의 개선이 빠르게 진행될 수 있는가'다. 4차산업 기술에 대한 준비 정도를 평가하는 세부 항목별 순위를 살펴보면 우리나라는 기술(23위), 혁신(19위), 사회 인프라(20위) 항목에서 비교적 높은 평가를 받았으나, 반대로 노동시장 유연성(83위), 법적 보호와 준비(62위) 항목에서 매우 낮은 평가를 받았다.

    이 결과가 말해주는 것은 우리나라는 현재 4차산업 기술의 개발 수준과 속도가 문제가 아니라, 이 기술을 받아들이고 시장에 적용하는 사회적 유연성과 이를 수용할 수 있는 기득권층과 기존 시스템 간의 합의, 설득, 협력 과정에 큰 문제가 있다는 것이다. 따라서 4차산업 기술을 수용하고 적용해서 성장할 수 있게 해주는 법제도의 유연성과 개방성까지 낮은 수준에 머물고 있는 상황이다.

    결국 4차산업 기술 발전으로 인해 더 큰 발전이 가능한 우리나라의 물류산업이 지속 가능한 성장을 하기 위해서는 4차산업 기술의 핵심 기능인 초연결, 초융합, 초지능화를 극대화할 수 있는 사회적 합의와 빠른 적용성

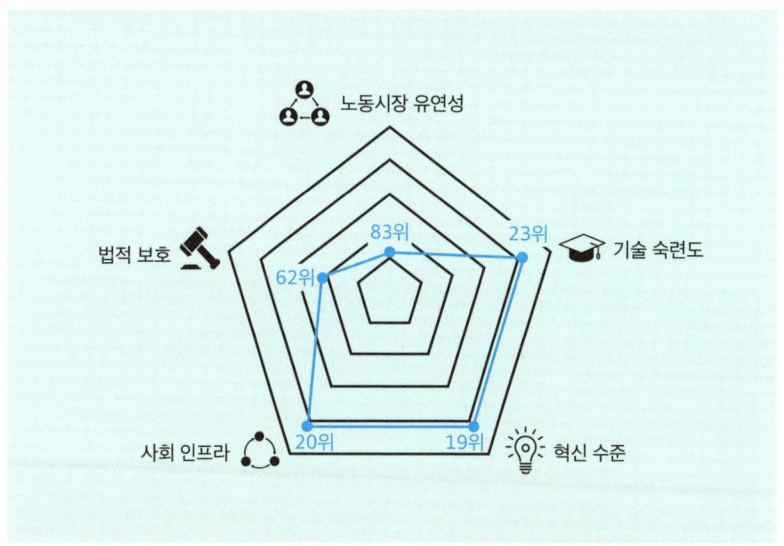

한국의 4차산업혁명 기술 준비의 항목별 수준 비교
출처: B. Baweja 외, "Extreme automation and connectivity: The global, regional and investment implications of the Fourth Industrial Revolution," @UBS White paper for World Economic Forum@, 2016. 2., p.23

이 필요하고, 그러기 위해서는 우선 기득권층과 신규 진입층, 기성세대와 청년층 등 이질적 세력 간의 사회적 합의와 협력이 있어야 한다. 그러나 최근 있었던 기득권층인 택시업계와 카카오택시, 타다 등의 정보 플랫폼 기업 간의 충돌만 봐도 우리나라는 정부의 협상력과 적절한 대안 부재, 법 제도의 유연성 부족 등 다양한 문제를 안고 있어 계속 앞으로 나아가지 못하는 상황임을 확인할 수 있다.

우리나라가 4차산업 기술을 수용하고 발전시키기 위해서는 앞에서 언급한 문제를 해결하는 것이 급선무다. 그러나 이러한 문제를 해결하는 데는 시간이 필요한데, 그렇다고 그 시간 동안 기술 개발만 하고 시장의 반응이나 적용을 미루게 되면 자연히 기술 개발 속도와 시장성도 떨어질 수밖에 없다. 우리에게 주어진 시간은 제한적이며, 사회적 합의와 국민 전체가 공생할 수 있는 방안을 강구하기 위해서는 새로운 대안이 필요하다. 이러한 맥락에서 우리나라와 바로 인접해 있고 경제발전이 필요하지만 인프라 구축은 전혀 되어 있지 않은 북한이 새로운 대안으로 떠오르고 있다.

　북한은 현재 불안한 지정학적 환경에 놓여 있지만 강대국으로 인한 지정학적 리스크만 해결된다면 빠른 성장이 가능한 나라다. 특히 북한은 우리를 포함해 북한보다 잘사는 주변 강대국의 도움을 받는다면 빠른 경제성장이 가능한 조건을 가지고 있다. 주변 국가가 북한을 가치사슬을 기반으로 한 주요 국제 분업 협력 국가로 바라보고 있으며, 그들이 보유한 기술력·재원·인력 등을 활용해 상호 공생할 수 있는 가능성이 매우 높기 때문이다. 우리나라가 한국전쟁 이후 지금의 수준으로 발전하는 데 대략 40년 이상이 걸렸고, 상대적 차이는 있으나 중국 30년, 베트남 20년 정도로 설명한다. 이러한 흐름으로 볼 때 북한은 주변국보다 훨씬 짧은 기간 안에 경제발전을 할 수 있을 것으로 보이며, 이는 주변국과의 협력이 중요한 동인이 될 것이다. 만약 북한이 이처럼 빠르게 성장을 한다면 아마도 4차산업 기술이 결정적 역할을 할 것으로 보인다. 4차산업 기술 가운데 특히 블록체인, 빅데이터, 무인 주행 운송 장비, 인공지능 등은 북한의 우수한 인력, 정부의 추진력, 기득권층 부재 등을 기반으로 하여 빠른 시간 안에 상용화될 것이다. 이는 북한이 가진 특수성과 우리나라가 4차산업 기술을 도입하면서 경험하는 문제점을 '어떻게 넘어설 수 있는지'에서 해답을 찾을 수 있다.

4차산업 기술을 실용화하기 위해서는 기존의 인프라와 기득권층이 가진 시스템을 점진적 혹은 일괄적으로 없애고 새로운 시스템으로 바꾸어 나가야 한다. 그래서 기득권층의 저항이 큰 것이다. 그런데 북한은 기존 시스템과 인프라의 '창조적 파괴' 혹은 '점진적 대체' 과정을 생략하고 단숨에 '창조적 혁신'이 가능한 환경을 가지고 있다.[15] 우선 북한은 기존 인프라가 거의 낙후됐거나 없는 상태여서 첨단 인프라 구축의 효용가치가 높다. 북한은 기존 인프라, 시스템 그리고 기득권층과의 충돌이 없고 일사불란한 명령 체계로 인해 해체를 위한 시간이 거의 필요하지 않거나 아주 짧을 것이다.

두 번째, 북한은 토지를 국가가 소유하고 있고 건설 인력 역시 군인이나 노력 동원 등을 통해 사업을 추진할 수 있어서 토지 보상과 건설 비용이 거의 들지 않거나 아주 적게 든다. 북한은 사유재산권, 특히 토지소유권이 없어서 국가가 추진하겠다는 의지만 있으면 토지 수용이 필요 없고 공사에 필요한 자재 공급과 노동력 조달에서도 우리나라보다 훨씬 낮은 비용으로 확보가 가능하다. 또한 최근 우리나라에서 화제가 된 골재 파동, 특히 모래 조달 부분에서 북한은 유리한 입장이다. 북한의 강 하구에는 엄청난 토사가 쌓여 있어 강과 바다 주변을 정비해야 하는 상황인데, 이것이

CONTROL PANEL
Industry 4.0
Sensor
Control System
Instrument

010101
010101
010101
Hi, Bots
Mode
AI

오히려 건설 관점에서는 유용한 자원이 되는 것이다.

세 번째, 신속하고 효율적인 정책 추진이 가능하다. 북한은 일당 체제로 국가가 운영되므로 정책 방향이 설정될 경우 신속하게 추진할 수 있는 체계를 가지고 있다. 따라서 4차산업 기술 도입에 필요한 맞춤형 법제도 수립과 지역 활용 등에 국가가 의사결정만 한다면 충돌, 협상, 중재, 도입, 실행 등의 과정을 거치지 않고 바로 실행할 수 있다는 장점을 가지고 있다.

마지막으로 시장과 산업 기득권층의 저항이 없다. 우리나라에서는 신기술이나 새로운 서비스를 적용하려면 기존의 기술 및 서비스와 경쟁, 합의를 거쳐야만 하는데, 북한은 기존에 구축된 기술과 서비스가 거의 존재하지 않으므로 기득권층과의 충돌이 없다.[16]

최근 우리나라와 북한, 북한과 미국 간 셈법의 차이로 전체적으로 관계가 경색돼 현 정부가 추진하던 한반도의 평화 경제 실현이 멈춰 있는 상태다. 그러나 한반도의 평화와 번영은 시간이 걸릴 뿐 언젠가는 실현될 것이고, 이를 앞당기기 위해서는 남북의 물류 인프라, 시스템, 운영 체계 등이 대등한 수준이어야 한다. 또한 남북 간 물류·유통 분야의 표준화 역시 한반도의 평화와 번영을 앞당기는 중요한 요소다. 이러한 점에서 우리나라의 4차산업 기술의 지속적인 발전과 함께 북한의 빠른 4차산업 기술 도입도 중요한 부분이다. 우리나라로서는 기득권층과 기존 인프라 시설의 저항을 피해 4차산업 기술 관련 물류·유통 분야의 빠른 발전과 도입을 위한 우회 전략으로 잠재력이 높은 북한을 활용하는 것이 적절한 대안이 될 수 있다. 현재 우리나라는 수도권, 호남권, 동남권, 중부권 등 지역의 주요 경제 거점을 중심으로 4차산업의 원천기술 개발과 테스트를 통한 상용화 노력을 기울이고 있다. 그러나 앞에서 언급한 것처럼 기득권층과 기존 시스템으로 인해 유발되는 많은 장애 요인이 존재하는 상황이다. 결국 우리나라가 4차산업 기술을 지속적으로 개발하고 발전시키기 위해서는 북한의 장점, 즉 토지·인력·비용·사회체제 등의 도움이 필요하고, 북한으로서는 우리나라의 선진 기술력과 재정적 기반이 필요할 것이다. 우리나라의 기술을 테스트하는 공간으로 북한을 활용하고, 북한은 이를 기회로 자국의 경제성장 기반을 확보한다는 것이다. 결국 남과 북은 4차산업 기술을 매개로 공동 성장할 수 있는 중요한 기회를 잡을 수 있을 것이다.

한반도는 대륙 세력인 중국과 러시아, 해양 세력인 미국과 일본이 교차하면서 힘의 균형을 이루는 곳이다. 사실 힘의 균형이라기보다 세계열강의 힘이 만나서 부딪치고 이로 인해 긴장 상태를 일으키는 곳이라 할 수 있다. 이런 긴장을 풀고 남북뿐 아니라 주변 열강까지 모두 발전하기 위해서는 한반도의 남과 북을 물류로 연결해야 하고, 이 연결의 시간을 줄이고 기능을 증대하기 위해서는 4차산업 기술의 접목이 필요한 것이다. 현재 4차산업 기술의 발전과 상용화를 위한 노력이 어려운 상태에 놓여 있는데, 남북 간의 지역 연계 벨트 혹은 권역 간 연결과 협력을 통해 발전시켜 나갈 수 있을 것이다.

우선 남북 간 권역별 협력을 통해 물류 분야의 4차산업 기술 도입과 발전이 가장 용이한 곳이 범경기만권이다. 남북의 국경이 맞닿는 경기만을 범경기만권 벨트로 묶어서 우리나라의 서울·인천과 북한의 개성·해주를 아우르는 남북한 연계 4차산업 기술 성장권역으로 발전시킬 수 있다. 우리나라의 인력, 기술, 자본력을 기반으로 북한의 인력과 테스트 베드 기능을 접목할 경우 효과적인 성과 도출이 가능할 것이다.

두 번째는 강원권 연계 벨트다. 우리나라의 강릉·동해·속초와 북한의 원산·함흥·흥남을 연결해 관광과 물류산업을 기반으로 4차산업 기술을 접목할 수 있다. 특히 북한은 금강산을 중심으로 해당 지역을 싱가포르와 같은 해양 관광과 지역 물류 거점으로 개발하고자 노력하고 있다. 반면 우리나라의 강원도는 북방 시장과 연계한 물류산업과 지역 자산을 기반으로 하는 금강산을 통해 발전을 꿈꾸고 있다. 따라서 두 지역의 발전 방향이 일치하기에 4차산업 기술을 매개로 한 상호 발전이 용이한 지역이다.

세 번째는 북한의 평양-남포권역이다. 이곳은 공간적으로는 남북 간 결합이 어려우나 북한의 자체 잠재력으로 볼 때는 북한의 수도권이자 남포라는 수도권 거점 항만을 보유하고 있어서 인력과 글로벌 접근성을 기반으로 발전이 가능한 지역이다. 이미 북한은 불법적인 돈벌이로 양성했지만 우수 IT 인력이 다수 존재하고 있고, 이들의 대부분이 해당 지역에 거주하고 있다. 따라서 북한의 장점과 우리나라의 기술, 정보, 인력 그리고 재원이 융합할 수 있다면 새로운 형태의 4차산업 기술 발전이라는 성과를 거둘 수 있을 것이다.

네 번째는 나진-훈춘-하산을 잇는 국제 협력 클러스터다. 이미 동북아시아 평화 협력 클러스터라는 개념을 통해 물류 인프라인 항만과 철도를 기반으로 제조, 관광, 농업 등을 결합해 다양성을 가진 국제 가공 물류 거점으로 육성하고자 사업이 제안된 상황이다.[17] 이 개념에 4차산업 기술이 접목된다면 국제 지식 가공 물류 거점으로서 세계의 모든 국가가 자유롭게 투자하고 생산하고 거래할 수 있으며, 생활까지 할 수 있는 진정한 국제 평화 자유항이 될 수 있다. 이외에 남북과 중국이 협력을 통해 새로운 형태의 국제 지식 클러스터로 발전이 가능한 신의주-단둥 벨트도 가능할 것이다.

남북한 간 유통·물류 분야에 4차산업 기술을 적용한 공동 발전 방안은 아직 구상 단계에 불과하다. 일부 전문가가 한반도의 미래를 생각하면서 개념적인 면에서 적용 가능한 대안으로 언급했을 뿐이다. 그러나 지금부터 남북의 역할 분담을 명확히 하고 권역 혹은 벨트를 대상으로 4차산업 기술을 접목한 물류 분야 인프라, 시스템 그리고 운영 체계를 구상하고 합의를 통해 계획을 수립한 후 실행한다면 한반도 전체가 발전할 수 있는 큰 원동력을 확보할 수 있을 것이다. 이는 다시 우리 내부의 기득권층이나 주도권을 가진 시스템, 운영 체계에 큰 자극을 줄 수 있고, 이를 통해 새로운 변화를 가져올 수 있는 선순환 체계가 구축될 수도 있을 것이다.

우리가 북한을 4차산업 기술의 테스트 베드로 활용한다면 우리는 산업 기술의 속도를 그대로 유지할 수 있고 테스트 베드가 된 북한의 빠른 경제성장도 도모할 수 있다. 또 이러한 자극은 우리 내부의 합의와 협력을 쉽게 이끌어내 스위스금융그룹이 발표한 결과와 달리 4차산업 기술을 통한 우리나라 스스로의 발전도 동시에 도모할 수 있을 것이다. 4차산업 기술 도입을 두고 현재 우리가 직면한 사회적 합의 문제, 정부의 협상력과

융통성 있는 제도 마련 부족 등을 해결할 수 있는 하나의 대안으로 제시된 북한의 테스트 베드 방안은 황당한 아이디어가 아니라, 우리나라와 한반도의 미래를 생각하면서 무겁게 고민해봐야 할 숙제다.

남북한 물류를
통합할
철도

남북의 물류 통합과 함께 한반도가 유라시아 대륙과 연결되는 통합 물류는 북한의 물류 인프라에 대한 정확한 인식이 기반이 돼야 한다. 북한은 1970년대 이후 물류 인프라에 거의 투자하지 못했다. 북한 관광 활성화를 위한 평양-금강산 간 고속도로, 원산 갈마공항 건설 그리고 광물자원 수출을 위한 단천항 현대화 외에는 50년 전 모습 그대로다. 특히 주철종도(柱鐵從道) 정책에 입각한 북한의 국토 물류 관리 체계는 국방 중심 경제 체제와 대북 제재로 인해 지속적인 악화일로를 걸으면서 철도를 중심으로 붕괴되기 시작했다. 중국과 평양을 연결하는 경의선 일부 구간을 제외하면 철도의 속도는 시속 30킬로미터 전후밖에 되지 않으며, 대부분 정상 운영이 되지 않는다. 또 북한의 철도는 일제강점기에 깔린 것이라 주간선은 표준궤도이나 지선은 다수가 협궤도 철도로, 모두 역에서 환승이나 환적을 해야 하는 문제점도 가지고 있다. 이러한 이유로 인해 북한의 철도는 대부분 새로 깔아야 하고 그 공사비가 70조~150조 원이 소요된다는 과거 정부 특별위원회의 추정치가 일정 부분 이해가 되기도 한다.

화물은 일반적으로 단거리는 도로, 중거리는 철로, 장거리는 해로를 이용해 운송한다. 또 고가 상품은 항공, 도로, 중가 상품은 철로 그리고 저가 상품은 해로를 이용해 운송한다. 마지막으로 소비자 혹은 화주에게 화물이 들어가는 과정은 트럭으로 주로 운송된다. 즉 우리나라 화물이 북한을 경유해 러시아나 유럽으로 가고자 할 때 가능한 수단은 기차·선박·항공기 정도이고, 이들 역시 화물의 특성에 따라 선택되거나 복합적 형태로 이루어질 것이다. 여기서 우리는 현재 이용되는 해상운송과 항공운송을 배제하고 새롭게 열리는 철도운송에 대한 보다 자세한 분석을 해야 한반도 통합 물류의 미래를 제대로 구상할 수 있을 것이다.

철도는 일반적으로 중장거리 운송에 적합한 물류 수단이다. 그래서 중국이나 러시아 같은 국토가 넓은 국가에서는 그 활용도가 높다. 반대로 우리나라처럼 국토 면적이 작은 국가에서 철도는 여객을 중심으로 이용하지, 화물을 이용하는 데는 그 경제성이 떨어진다. 이는 우리나라 철도 화물 사업이 서울과 부산 구간만 거의 명맥을 유지하고 제대로 진행되지 않는 이유다. 일반적으로 철도 화물은 500~2000킬로미터 거리에 적합하다고 한다. 그 이유는 철도 화차 1량의 비용이 1억 5000만 원 정도 하는데, 화차 100량이 기관차 한 대 혹은 두 대에 연결돼 이동하게 되면 최소 150억 원의 투자비가 소요되고, 이 화물이 멀리 가면 갈수록 돌아오는 데 시간이 많이 걸리며, 돌아오는 길에 화물을 싣지 못하면 철도 운영자는 엄청난 경제적 부담을 안게 되기 때문이다. 예를 들어 A라는 철도 운송 기업이 1회 발차 시 100량의 화차를 보내고 하루에 10회를 운영할 경우 최소 1500억 원의 투자비가 든다. 회전율을 고려할 경우 운송 거리가 길어지면 운영비는 높아지고 수익은 낮아질 가능성이 높다. 따라서 철도 화물을 2000킬로미터 이상 운송한다는 것은 엄청난 초기 비용이 들 뿐 아니라 운영에 따른 경제적 부담도 질 수밖에 없는 것이다.

또한 기관차는 디젤이나 전기로 움직인다. 최근 철도는 대부분 전철화해서 전기가 주요 운송 연료원이다. 그런데 철도에 사용되는 전기는 국가마다 전력, 전압, 송전 방식 그리고 통신 방식까지 모두 달라서 국경을 넘을 경우 기관차 변경이 필요하다. 익히 알려진 궤도의 차이[18]로 인해 화차를 바꾸는 대차[19] 교체 과정 말고도 기관차 변경이 필요한 것이다. 결국 궤도가 같더라도 전력 구조가 같은 나라가 아닐 경우 기관차 교체가 필요하고, 당연히 기관차를 운전하는 기관사 역시 바뀌어야 하는 것이다. 즉 국경을 통과할 때마다 기관차, 화차의 교체가 필요하고 기관사 변경이 진행돼야 하니 시간 소요가 많아질 수밖에 없는 것이다. 결론적으로 우리가 언론을 통해 인지하는 기차를 통해 며칠 만에 모스크바를 간다, 베를린을 간다는 이야기는 이론상 가능할 뿐이지 현실은 그렇지 못하다. 많은 사람이 이러한 철도 물류의 현실을 잘 모른다. 마냥 정치 논리에 정책이 휩쓸려 그냥 넘어갈 수도 있는 것이다. 결국 국가 전체가 잘못된 환상을 가지게 되고, 이는 결국 한반도 통합 물류 정책을 수립하는 데 문제를 야기할 수 있다.

　물류의 우선순위를 넘어서 남북이 철도를 통해 경제적으로 통합돼야 하는 것은 꼭 필요한 일이다. 그리고 철도는 수익성을 담보하는 시장재가 아니라 공공재 성격을 가지는 인프라에 가깝다. 세계적으로 공항과 항만은 민간자본에 시장을 개방하는 경우가 많다. 현재 우리나라 부산신항만의 경우 90퍼센트 이상이 외국 자본이 항만을 운영한다. 왜냐하면 수익 창출이 가능한 물류 인프라이기 때문에 좋은 입지에 제대로 된 계약을 체결할 경우 수익을 올릴 수 있기 때문이다. 그러나 철도는 다르다. 수익이 나는 구간도 있으나 그렇지 않은 지역까지 국토의 균형 발전, 지역민의 복지 등을 위해 공공재 성격으로 지원을 하는 대상이다.

　현재 우리나라 철도에서 수익성이 나는 구간은 서울과 부산을 오가는 KTX 구간 등 매우 제한적이다. 그래서 수익성이 확보되는 구간이니 경쟁사인 SRT가 참여할 수도 있는 것이다. 그러나 나머지 철도 구간은 대부분 적자이며, 이를 위해 국민의 세금이나 일부 이익 구간의 수익을 통해 지원을 하고 있다. 철도는 수익성보다 공익성을 염두에 둘 수밖에 없는 물류 인프라인 것이다. 이런 면에서 북한의 철도 시설에 대한 고민이 필요한 것이다.

　남북 물류의 통합은 철도가 주도할 필요가 있다. 경제성만이 아니라 민족의 통합과 열악한 북한의 경제 상황을 개선하기 위해서라도 철도 연결을 통한 물류가 이어져야 한다. 그래야 남북의 지역 발전에 기여할 수 있을 것이다. 그러나 북한의 철도 인프라 개발에 우리 국민의 대규모 세금이 든다면 아마도 엄청난 남남 갈등과 함께 우리 경제에도 큰 부담이 될 수밖에 없다. 그냥 뜨거운 마음으로 같은 민족이니 지원하자는 논리는 수용될 수 없을 것이다. 그렇다고 독일의 사례를 적용할 수도 없다. 과거 부유한 서독이 덜 부유한 동독을 지원한 것과 서독보다 낮은 경제 규모를 가진 우리나라가 극빈국인 북한을 지원하는 것은 차원이 다른 이야기다. 지금 필요한 것은 우리가 경제성장을 앞으로도 계속 유지하면서 북한의 경제성장을 지원하는 형태의 물류 통합 정책이다. 이를 위해서는 현재 언급되는 '한반도 신경제 구상'과 같은 개념은 미래의 장기 구상이고, 당장 필요한 '한반도 통합 물류 단계별 구상'이라는 개념을 만들어 나가야 한다. 현재 남북의 물류 상황을 인지하고 이를 가장 쉽고 저렴하게 연결할 수 있는 방안을 찾아야 하는 것이다. 1차적인 대안은 해륙 복합 물류 네트워크다.

북한 당국이 추구하는 '모기장식' 특구 개발 정책(중국의 점선면식 개발 정책과 유사한 개념으로, 네 군데 모서리, 즉 경제특구를 거점으로 경제를 일으키겠다는 북한식 표현)과 연계해 항만을 중심으로 발전 전략을 수립한 북한의 경제특구를 우리나라 항만과 연결해서 상호 무역이 가능하도록 지원하는 것이다. 이와 함께 나진항과 신의주항의 경우 해상 물류와 배후의 육상 물류를 연결하는 복합 물류 네트워크 체계를 구축할 수 있을 것이다. 이는 남북 교역을 통해 북한의 경제특구와 연결하고, 특구 내 항만을 중심으로 배후 철도와 도로를 이용해 북한 내륙, 중국, 러시아 그리고 유라시아 대륙의 다른 국가로 화물을 오가게 하는 것이다. 이 단계를 거치면서 중장기적으

로 북한의 경제특구가 성장하게 되면 북한 당국의 부가 축적되고 이를 기반으로 북한의 육상 인프라에 투자가 될 수 있는 선순환 구조를 만들어갈 수 있을 것이다.

한편 남북 국경은 우리나라가, 북중 국경은 중국이, 북러 국경은 러시아가 동북아시아의 공존과 평화 지속성을 위한 책임과 의무 관점에서 선도적 투자를 하게 된다면 북한의 육상 물류 인프라는 생각보다 빨리 정상화될 수 있을 것이다. 1단계, 2단계를 거친 한반도 물류 체계는 육상, 해상 그리고 복합 물류라는 다양한 형태의 물류 수단을 기반으로 유라시아 대륙과 연결될 것이다. 아마도 빠르면 10년, 길게는 20년 이상이 걸릴 수 있는 지난한 과정일 수도 있겠지만, 이 과정을 거쳐야만 안정적인 한반도 통합 물류 체계를 구축하게 된다.

한 나라가 경제성장을 하기 위해서는 여러 가지 요인이 필요하지만, 가장 먼저 필요한 것은 물류 인프라라는 점에 이의를 제기할 수는 없을 것이다. 과거 우리나라도 부산항과 인천항을 중심으로 경부고속도로를 만들면서 경제성장의 토대를 마련했다. 북한 역시 그러한 과정을 거쳐서 경제성장을 추구하고자 하는 것이다. 단지 우리와 다른 점이 있다면 북한의 정치 체제를 유지하면서 경제성장을 주도한다는 것이고, 이는 개성·신의주(황금평)·나선·원산(금강산) 경제특구와 같이 수도권에서 멀리 떨어진 국경 지역을 중심으로 성장을 희망한다는 뜻이다.

우리가 추진하는 정책이 성공하기 위해서는 상대방이 어떤 생각을 하는지에 대한 깊은 고민이 필요하다. 우리나라가 한반도 남단의 섬이 아니라 유라시아 대륙과 연결되는 통합 물류의 수혜자가 되기 위해서는 북한이 어떤 생각을 하는지 숙지하고 이를 지원하면서 남북이 이익을 같이 추구할 수 있는 공동 상생 전략이 필요하다. 북한의 생각은 체제 유지와 경제성장에 있으며, 그 결과물이 북한의 경제특구다. 따라서 경제특구의 중심에 있는 항만을 기반으로 한반도 통합 물류 체계를 구축해 나가야 조기에 효율적인 물류 체계 구축이 가능하다. 이를 위해서는 우리 정부의 정확한 인식과 합리적인 정책 추진이 필요하다.

반복되는 역사 속 한국 해운산업의 운명은?

'글로벌 해운 강국 재건'이라는 기치 아래 정부는 2017년 한진해운 도산 이후 무너진 해운업을 재건하기 위해 많은 노력을 기울이고 있다. 대표적으로 한국해양진흥공사를 2018년 7월에 설립했고, 정부가 수립한 해운 재건 5개년 계획도 착실히 수행하고 있다. 현대상선(현 HMM)을 중심으로 국적 원양 선사의 글로벌 선사 지위 회복을 노리고 있고, 최근 현대상선이 세계 3대 얼라이언스 중 디 얼라이언스(The Alliance)에 가입해 그 가능성을 높이고 있다. 또 중견 선사들의 통합을 통한 구조조정과 비즈니스 모델 강화를 통해 글로벌 경쟁력 제고도 도모하고 있다.

그러나 해운산업이 과거의 영광을 회복하기 위해서는 아직 미흡한 점이 많다. 여전히 양적 성장과 단순한 비즈니스 모델로 해운 운임에 지나치게 의존하고 있는 우리나라 해운 선사와 달리 경쟁 관계에 있는 글로벌 선사들은 4차산업과 환경 기술 접목으로 비용 구조 개선과 부가가치 중심의 다양한 비즈니스 모델 창출에 노력을 기울이고 있어 격차가 더 벌어지고 있는 듯하다. 따라서 단순히 해운산업이라는 좁은 시각에서 해결 방안을 찾기보다는 역사 속에서 우리나라 해운산업이 글로벌 경제와 어떤 관계를 가지면서 성장과 위기를 반복해왔는지 살펴보고, 향후 거시적 관점에서 어떤 방향으로 미래를 개척해 나가야 할지 시사점을 찾아볼 필요가 있다.

다들 익히 잘 알고 있듯이 우리나라에서 근대 해운이 태동한 것은 서구 열강이 무역 개방을 요구한 때부터다. 1876년 강화도조약에 따라 부산항(1876)을 시작으로 원산항(1880), 인천항(1883)의 순으로 개항이 이루어졌다. 근대 선박의 최초 도입은 1883년 고종의 지시로 통리교섭통상사무아문(統理交涉通商事務衙門)이 영국, 중국(청), 미국, 독일 등의 선박 기항을 허용하는 형태로 이루어졌다. 1886년에는 전운국(轉運局)이 해운을 관장하면서 직영했고, 이후 민간 기업도 선박을 구입해 해운업을 할 수 있었다.

그러나 1910년 국권피탈로 일본인만 해운업을 할 수 있게 되어 우리나라는 1945년 광복이 될 때까지 해운권을 상실했다. 이후 우리나라 수역에 남아 있던 선박은 조선기선주식회사(朝鮮汽船株式會社) 소속 부산호(1631톤) 등 소형 선박 163척이었다. 광복 당시 일본의 해운 선사에 근무한 우리 해기사를 중심으로 조선기선주식회사를 인수함으로써 해운 재건이 시작됐다. 이후 조선기선주식회사는 미국 정부로부터 1800톤급 미국 전시 선박 여섯 척과 570톤급 선박 여섯 척을 대여받아 해운 기업으로서의 기반을 갖추었다. 이후 대한민국정부 수립 후 경제 자립을 위한 외항 진출과 선박 확충이 중요 과제가 됐다. 당시 우리나라가 보유한 대형 선박은 총 33척이고, 이 중 민간 선박은 조선기선주식회사의 여섯 척에 불과했다. 반면 해외 원조로 대량의 물자와 소비 물자가 수입돼 인천항과 부산항을 중심으로 해상 물동량이 100만 톤 이상 급증했다.[20] 당시 우리 정부는 무역을 외국 선사에 전적으로 의존하는 문제를 해결하고자 국책 해운 회사 설립을 모색했다.

이후 정부는 조선기선주식회사를 국영화하는 방안을 협의했고, 1949년 12월 정부의 재원과 조선기선주식회사가 통합돼 우리나라 최초의 국적 해운 회사인 대한해운공사가 공식 출범했다. 당시 대한해운공사는 1950년 1월 기준 운항 선박 총 25척, 4만 3344톤이었다.[21] 대한해운공사는 정부 수립 이후 최초로 설립된 국적 해운 회사이며, 민간 기업의 외항 진출이 불가능했던 시기에 국제무역 화물을 국적선으로 수송할 수 있는 길을 열었다. 당시 우리나라 연안항로는 주로 무연탄이나 양회를 삼척·인천·부산으로 이송하는 것이었고, 국제항로는 일본과의 무역이 주였다. 이후 정부 차원의 대한해운공사 민영화가 논의됐고, 1957년 10월 민영화 법령 마련 이후 오랜 진통 끝에 1968년 11월 대한해운공사가 민영화됐다. 이 무렵 경제개발 5개년 계획이 시작됐고, 이를 기반으로 우리나라의 해운 기업은 일본, 동남아시아 시장을 중심으로 성장하기 시작했다.[22]

우리나라의 해운산업은 1970년대에 들어와 현대적인 모습을 갖춘 이후 크게 세 번의 대내외 경제위기와 함께 위기를 겪게 됐다. 세 번의 위기 모두 글로벌 경제위기에서 시작됐으나 그 성격이나 강도는 다양한 형태로 영향을 미쳤다. 첫 번째 위기는 1978년 말 발생한 제2차 석유파동이었다. 1973년 일어난 제1차 석유파동은 중동 국가들과 이스라엘 간의 주도권 싸움에서 시작돼 유가 폭등을 촉발했지만, 우리나라는 아직 석유화학산업과 수출입산업 기반이 덜 정비된 상태라 큰 영향을 받지는 않았다. 그러나 제2차 석유파동은 세계의 주요 산유국인 이란의 왕정에 대한 혁명(이란혁명)으로 인해 발생한 국지적 리스크로, 석유 가격을 배럴당 10달러대에서 30달러대로 단기간에 세 배 이상 급등시켰다. 당시 세계 경제는 유가 상승과 고금리 체제가 전개되면서 1979년 하반기부터 극심한 불황에 빠져들었다.

세계 경제가 침체되면서 해상 물동량도 감소했다. 1980년에는 전년 대비 2.9퍼센트 감소했고, 1983년까지 4년 연속 하락하는 상황이 계속됐다. 반면 선박 공급량은 1982년 하반기부터 1984년 초반까지 공급 과잉 상태가 됐고, 이로 인해 선복량 과잉이 심각해졌다. 이는 가공무역으로 국부를 창출하고자 하는 우리나라에 좋지 않은 영향을 미쳤고, 해당 원자재와 수출품을 수송하던 우리나라 해운업에도 큰 영향을 주었다. 1970년대 중반 당시 경제성장에 따른 수출입 물동량의 증가로 정부는 1975년 계획조선제도를 시행했다. 또한 정부는 1981년 외항 해운 업체 대형화 정책을 추진해 선박 증강을 지속했는데, 이때 해운 기업은 1976년 77개에서 1983년 115개사로 증가했고, 선복량과 함께 운임 수입도 1980년 18억 8500만 달러에서 1983년 24억 4600만 달러로 29.8퍼센트 증가했다.[23]

표 1 1980년대 한국 해운 업체의 경영 수지 현황 (단위: 억 원)

구분	1982년	1983년	1984년	1985년	1986년	1987년
매출액	15,621	19,824	17,953	18,406	18,500	20,724
(증감률, %)	5.3	26.9	-9.4	2.5	0.5	12
총 부채	20,492	27,739	28,284	29,831	31,990	39,426
자본금	2,716	3,500	2,378	1,458	-513	-1,551
당기순이익	-1,024	-1,295	-1,584	-1,874	-2,434	-1,114

출처: 한국선주협회, 〈Annual business report〉, 각 연도

　　이처럼 외형적 성장을 추구해온 우리나라 해운은 제2차 석유파동으로 인한 세계 해운업의 불황으로 1982년부터 심각한 위기를 맞았고, 고가로 구입한 선대 구성과 국내 선사 간 과당 경쟁으로 큰 위기에 직면하게 됐다. 결국 우리나라 해운업계는 1982년 당시 기준 1024억 원의 엄청난 적자를 기록했고, 구입 선박의 원리금 상환 부담으로 일부 선사는 도산했다(표1). 당시 정부는 해운 기업을 이대로 방치하면 해운산업뿐 아니라 금융권 등 국민경제 전체에 악영향을 미칠 것을 고려해 1983년 10월 7일 경제장관회의를 열어 '해운산업육성대책'을 수립했다. 정부는 다수의 선사 간 과당 경쟁으로 해운 시황이 회복되더라도 해운업 재건은 어렵다고 판단해 해운산업을 '합리화 대상 기업'으로 지정하고 선사 통합을 유도하는 해운산업 합리화 조치를 추진했다. 이 조치로 기존의 63개 선사가 원양항로 8개 그룹, 동남아항로 4개 그룹, 한일항로 4개 그룹, 특수선 그룹 등 17

개 그룹의 선사로 정비됐다. 당시에는 아직 국제 관계와 세계 무역 규범이 확정돼 있지 않아서 우리 정부의 적극적인 개입이 가능했다.

한편 기회도 찾아왔다. 1984년 미국의 해운법 개정 이후 세계 컨테이너 시장의 구조가 변화하기 시작한 것이다. 그 결과 선진국이 지배해온 원양 정기선 시장에서 선진국의 세력이 위축되고 우리나라를 비롯한 개발도상국의 해운 기업이 성장하게 됐다. 이 기간 중 대한해운공사가 재무 구조 악화로 한진해운[24]에 흡수 합병됐으며, 고려해운이 해운 불황으로 원양 부문을 현대상선[25]에 양도함으로써 현대상선도 글로벌 해운 선사로 발돋움하게 됐다. 한편 1990년대 들어 글로벌화, 포스트모더니즘, 교통통신 혁명 등이 확산되면서 해운 서비스의 사업 범위가 글로벌 시장으로 확대되기 시작했다. 이러한 변화와 주기적으로 찾아오는 글로벌 수요 증대 및 부진의 흐름 속에서 글로벌 해운 선사는 M&A와 같은 범위와 규모 확대 전략을 추진했고, 동종 업체와의 제휴를 통해 비용 절감과 네트워크 확대를 꾀했다.

우리나라 해운산업의 두 번째 위기는 1997년 하반기 아시아 금융위기 때 왔다. IMF 외환위기로 통칭되는 이 금융위기는 시작은 동남아시아 국가였으나 우리나라에 큰 영향을 미쳤다. 1985년 미국과 일본 간의 플라자합의(Plaza Accord)[26]로 엔고 현상이 지속되면서 우리나라 경제에 호기가 찾아왔고, 이에 자신감을 가진 우리 정부는 OECD 가입, 적극적인 환율 정책, 기업의 차입 범위 확대 등을 허용하다가 위기관리 부재로 역풍을 맞아 국내 굴지의 기업 여럿이 부도를 맞았고, 엄청난 국부가 유출됐다. 이

로 인해 금융기관이 구조조정에 들어갔고, 자금 사정이 악화돼 수출입 해상 물동량이 감소했으며, 결국 해운업의 수익성 감소로 이어졌다.[27]

당시 우리나라는 IMF의 재정 관리를 받게 됐고, IMF의 권고로 금융기관은 모든 기업에게 부채 비율을 200퍼센트 이하로 할 것을 요구했다.[28] 이로 인해 해운 기업도 동일 기준 아래 구조조정에 직면하게 됐다. 현대상선은 IMF 관리 체제 이후 자금 유동성 문제로 어려움을 겪었는데, 유동성 위기에 따른 경영난을 해결하기 위해 주요 자산을 매각했다.[29] 한진해운은 유동성 위기에 봉착하지는 않았으나 정부의 부채 비율 방침에 따라 다수의 선박을 매각했다.[30] 2004년 말 당시 우리나라의 해운 선사 14개사는 선박 총 97척에 총톤수 200만 7132톤을 운항했는데, 이들 선박의 적재 능력은 총 16만 5669TEU였다. 1996년과 비교했을 때 보유 총톤수는 36.4퍼센트가 축소된 셈이다. 사실상 우리나라 국적 선사의 컨테이너선 운항이 퇴보한 것처럼 보인다. 하지만 1996년까지 유지됐던 피더선 운항에서 탈피해 기간 항로 컨테이너 정기선 시장으로 체질 개선을 했다고 볼 수도 있다.

2000년대 초중반 국내 해운 기업은 큰 성장을 이루었는데, 한진해운은 2000년 1월 24만 4636TEU로 세계 전체 선복량 4위, 현대상선은 2000년 10만 2314TEU를 보유해 세계 15위를 기록했다.[31] 이 기간 중 조양상선이 파산했고, 한진해운과 현대상선은 IMF 관리 체제의 후유증을 벗어나지 못해 성장이 둔화됐다. 2000년대 이후 글로벌 물류 시장은 화주의 요구에 따른 종합 물류 서비스 제공과 IT 기술을 이용한 정보 시스템을 구축하는 등의 방향으로 환경이 바뀌었는데, 운송 위주의 우리 해운 기업도

종합화와 통합화 흐름에 맞추어 다양한 시도를 하고 있다. 국내 해운 기업과의 제휴뿐 아니라 전자상거래 기업, 인터넷 포털 기업, 정보 기업 등과도 제휴를 통한 사업 범위 확대와 비용 절감 방안을 강구하고 있다. 당시 한진해운은 터미널 운영과 IT 분야로 수익원 다각화를 모색했고, 2000년에는 해운 항만 물류 IT 전담 법인을 설립했다.[32] 현대상선은 현대로지스틱스를 설립하고 해상운송에서 육상운송까지 물류 서비스의 범위를 확대해 나갔다.

우리나라 해운산업의 세 번째 위기는 2008년 찾아온 미국발 금융위기에서 시작됐다. 미국에서 시작된 모기지 금융위기는 세계 경제를 10년간 저성장 상황으로 몰아갔고, 최근 미국 중심의 경제성장을 위한 지나친 독주 정책으로 미국과 중국 간 무역 갈등이 시작돼 지금도 여전히 글로벌 경제와 무역 환경에 어두운 그림자를 드리우고 있다. 2000년대 초중반 우리나라의 외항 선박은 1372만 톤으로 당시 세계 상선대의 약 2.2퍼센트를 차지하는 세계 8위였다. 우리나라보다 많은 선복량을 보유한 국가는 그리스·일본·독일·미국·중국·노르웨이·홍콩 정도로, 여전히 서유럽의 전통적 해운 국가가 선복량의 대세를 장악하고 있었다.[33] 당시 우리나라의 해운 기업은 2004년 73개에서 2008년 177개로 늘어났고, 선박 보유 수도 471척에서 819척으로 늘어나 규모 면에서 크게 성장을 이루었다.

그러나 이러한 외형적 성장이 2008년부터 닥쳐온 위기 상황에 더욱 대응하기 어려워지는 원인이 됐다. 2008년 5월 20일 1만 1793포인트였던 해운운임지수(BDI)가 동년 하반기에는 663포인트로 급락하면서[34] 글로벌 금융위기는 세계 해운 시장뿐 아니라 우리나라 해운 시장에도 악영향을 주었다. 호황기에 선박을 다수 용선한 선사는 물론이고, 이 선박을 재용선(Sales & Lease Back)한 중소형 선사가 유동성 악화로 용선료를 지급하지 못하는 일도 발생하게 된 것이다.[35] 또한 2008년 말 당시 외항 해운 선사가 조선소에 발주해 건조 중인 선박은 모두 293척이었는데, 선가가 200억 달러를 웃돌아 국내 해운산업 위기의 주요 요인이 됐다.[36] 금융위기로 인해 자금 조달이 어려워지고 운임 하락으로 수익이 적자로 전환되면서 선가도 급락하는 악순환 구조가 해운 기업에 들이닥치게 된 것이다. 다수의 국적 해운 기업이 2008년 이후 대부분 비슷한 이유로 도산했다. 이러한 형태는 과거 두 차례의 해운 위기 때 일어났던 상황과 거의 흡사하다.

우리나라 최대의 해운 선사였던 한진해운의 도산 과정을 살펴보면 다음과 같다.[37] 기본적으로 2008년 호황기를 구가했던 한진해운을 포함한 우리 선사는 미래 시장을 낙관했고, 그리하여 고가의 장기 용선과 무리한 사업 확장을 전개했다. 그런데 2008년 이후 경제위기로 글로벌 교역량이 줄면서 해운 운임이 급락했고, 고비용과 저수입 구조가 맞물리면서 한진해운은 어려운 경영 상황에 놓이게 됐다. 결국 한진해운의 채권단이 2016년 4월 공동관리(자율협약) 신청을 시작하게 됐고, 5월 4일 채권단이 구조조정을 담보로 사채권자의 부채를 연장 승인했다. 그러나 이러한 상황은 수익이 건전한 사업 부문은 매각하고 수익 구조가 불량한 사업 부문은 그대로 두는 악순환을 낳게 된다. 한진해운은 다양한 자구책을 내놓고 노력도 했으나 8월 30일 법정관리에 들어가게 됐다. 해운선사와 같이 신용으로 비즈니스를 하는 기업의 경우 법정관리에 들어가는 순간 화주와 사업 파트너의 이탈 등으로 파산할 수밖에 없게 된다. 한진해운 역시 법정관리에 들어가는 순간 심각한 영업상 문제가 대두되면서 2017년 2월 17일 파산하게 됐다. 이로 인해 1977년 설립된 한진해운은 40년 역사를 마무리하고 공중분해 됐다.

한편 우리 정부는 해운 위기 때마다 다른 형태의 정책을 통해 국적 해운 기업을 지원하고자 노력했다. 1970년대 해운 위기 때는 정부 주도의 해운 기업 통폐합, 조세 감면 및 금융 지원 등 직접적인 지원 정책[38]을 펼쳤다. 1997년 위기 시에는 구조조정을 담보로 하는 직접 금융 지원 정책을 펼쳤으나, 2008년 이후 위기 때는 대응 방법을 바꿔 간접 형태의 지원책으로 전환했다. 2009년 한국자산관리공사(KAMCO) 선박 펀드 운영을 통해 2014년까지 총 33척, 4700억 원의 중고 선박 매입 프로그램을 운영해 해운 기업에 민간 자금을 간접적 형태로 지원했다. 2013년 회사채 시장 정상화 지원으로 대형 선사를 위한 회사채의 인수제도를 도입했고, 총 1조 6580억 원을 지원했으며, 중소 선사 19개 기업에도 1300억 원을 지원했으나 높은 상환 비율과 고금리로 경영 여건은 더욱 악화됐다. 이후 선박 금융을 위한 지원을 확대했고, 2014년 해양금융종합센터, 2015년 한국해양보증보험을 설립하는 등 해운산업과 해운 기업을 위한 다양한 지원 방안을 강구했다. 그러나 해운산업을 제대로 이해하지 못한 금융 상품의 이용 조건 등으로 인해 다수의 국적 선사가 도산하는 상황에 이르고 말았다.[39] 이에 대해 일부에서는 시장논리에 따른 당연한 기업과 산업의 구조조정 과정이라며 당위론을 주장하고, 다른 일부에서는 정부의 정책 실패라는 비판론을 제기하고 있다.

현재 우리 정부는 2008년 글로벌 금융위기 이후 지속되는 해운산업의 불황에 대비하고자 한국해양진흥공사를 설립해 적극적으로 대응하고 있다. 과거 정부의 해운 금융 지원이 구제 금융을 위한 단기간·한시적 지원이라면, 지금은 전담 기구를 통해 장기적으로 기업 맞춤형 금융제도를 제공하고 있다. 또한 해운 기업의 투자 지원, 보증 지원, 정책 지원, 경영 지원 등 광범위하고 지속 가능한 지원책을 펼치고 있다.

그러나 지금의 우리나라 해운산업의 위기는 과거와 많이 다르다. 우선 세계 경제위기가 너무 오랫동안 지속된다는 것이고, 이 위기가 미국과 중국 간 무역과 환율 갈등, 글로벌 정보 플랫폼 기업의 성장과 영역 파괴, 글로벌 환경 규제 강화 등으로 리스크가 증폭, 확산되고 있다는 것이다. 과거의 위기는 중동의 유가 폭등으로 인한 금융위기, 아시아의 환율 관리 부족과 부채 증가로 인한 경제위기였지만, 미국에서 시작된 이번 금융위기는 지속성과 함께 당사자인 미국이 위기를 벗어나기 위해 다른 국가에 부담을 전가하는 형태로 확장되는 경향이 있다.

이 시점에 과연 우리 해운산업이 기존 위기에서 학습한 방식으로 해운산업 재건을 추진해 나가는 것이 바람직한 것인지 의구심이 든다. 미래는 예측하기 어렵다. 그러나 우물 안 개구리가 아니라 넓게 본다면 예측의 가능성도 높이고 리스크도 줄일 수 있지 않을까? 그래서 해운업이라는 좁은 우물에서만 해답을 찾으려 하지 말고 거시적 경제 관점과 요동치는 국제적 정치 갈등 구조를 제대로 분석하고 이해하는 가운데 해운산업이 살 길을 찾아야 할 것이다. 이러한 관점에서 정부와 한국해양진흥공사가 추진하는 해운산업 재건에 대한 주요 정책을 다시 한 번 폭 넓은 관점에서 다양한 분야의 전문가와 함께 분석하고 토론해 방향을 새롭게 점검할 필요가 있다.

주

1 우리 삶 속으로 파고든, 물류

1   에드워드 흄스 저, 김태훈 역, 《배송 추적》, 사회평론, 2017, 83쪽.
2   장 니콜라스 윈트겐스 저, 최익창 역, 《커피생두》, 커피리브레 출판, 2015, 8쪽.
3   위의 책, 9쪽.
4   위의 책, 715쪽.
5   대신통산 등 아몬드 가공 업체 인터뷰 자료.
6   이성우, 〈생활 물류: 커피 이야기〉, 《코리아쉬핑가제트》, 2018년 3월 6일.
7   우리나라의 공항만 자유무역지역은 인천공항, 인천항, 부산항, 광양항, 평택당진항, 포항항이다.
8   스타벅스, Annual Report, 2012. 운송비 원가를 저자가 전체 물류비로 환산하여 추정함.
9   사람들이 의사를 결정할 때 머리가 아니라 가슴으로 한다는 의미로, 최근 마케팅 수단으로 활용되어 주목받고 있다.
10 사샤 아이센버그 저, 김원옥 역, 《스시 이코노미》, 해냄, 2007, 27~40쪽.
11 우리나라 중견 특수컨테이너 제작사인 ACE 엔지니어링이 주로 제작하여 글로벌 시장에 납품하고 있는 고부가가치 특수 컨테이너다.
12 현대상선, RF PROMOTION - Best Parter of Your Reefer Business 발표 자료, 2018년 6월

2 생명과 엮인, 물류

1. Curtis F. L., J. Schmidt, B. Morris, L. Estes, C. Ryan and D. Bergquist, An Economic Impact of Imported Fire Ants in the United States of America, (Texas A&M University, College Station, TX), 2006.
2. 최나영환 외,《외래병해충에 대한 항만분야 방제체계 개선방안》, 한국해양수산개발원, 2019, 25쪽.
3. 위의 책 83~86쪽의 내용을 기반으로 저자가 수정, 재정리했다.
4. 환경부 교통환경과, 정책 브리핑, 2019. 2. 15.
5. 구윤서, 〈수도권 교통환경변화에 따른 대기질 예측 및 위해성 평가연구〉, 안양대학교, 2019.
6. 국립환경과학원, 〈2014년 대기환경연보〉, 2014.
7. 국토교통부는 노후화된 철도 역사 등을 활용해 공동 물류 시설을 만들고 인입 도로 설치 지원 등의 실시 계획을 준비하고 있다.
8. '항만지역 등 대기 질 개선에 관한 특별법안'을 발의해 실질적인 항만 공간 개선을 위한 법제도를 입법화한다.
9. http://pharmaceuticalcommerce.com/supply-chain-logistics/pharmaceutical-cold-chain-logistics-13-4-billion-global-industry(검색일: 2019년 11월 10일).
10. 유럽은 GDP를 통해 인체용 의약품의 최적 유통 기준을 제시하고 있다.
    (유럽의약청, EUROPEAN MEDICINES AGENCY, https://www.ema.europa.eu/en/human-regulatory/post-authorisation/compliance/good-distribution-practice)
11. http://www.ulogistics.co.kr/test/board.php?board=center2&search=%BD%AB%C4%BF%C4%DA%B8%AE%BE%C6&shwhere=tbody&command=body&no=232(검색일: 2020년 6월 3일).
12. 상변화 물질, 즉 고체에서 액체, 액체에서 고체, 액체에서 기체, 기체에서 액체 등 하나의 상태에서 다른 상태로 바뀌는 물리적 변화를 통해 열을 축적하거나 저장한 열을 방출하는 물질.
13. 산업통상자원부 무역위원회, 〈2016년 의약품 산업경쟁력 조사〉, 2016년 12월. 주요 내용을 수정, 재정리했다.

3 바다 고속도로를 가다

1 15세기 초부터 대항해시대에 콜럼버스는 신대륙 항로를, 바스쿠다가마는 아프리카 남단을 회항(回航)하는 동양항로를 개척했다. 그 결과 지중해·북해·발트해를 중심으로 하는 이탈리아 상인이 쇠락하고, 그 대신 스페인의 신대륙, 즉 서인도무역과 포르투갈을 중심으로 하는 동양, 즉 동인도무역이 활발해졌다. 상권은 세계적 규모로 확대됐고, 약 1세기 동안 두 나라가 지배하게 됐는데, 이런 변화를 상업혁명이라고 한다. 이는 결과적으로 유럽의 상업자본 발전에 혁신을 가져왔고, 네덜란드·영국의 상업자본이 주로 동인도 상업권에 침투해 영국의 식민지로 대표되는 제국주의 시대를 여는 역할을 했다(두산백과, 검색일: 2018년 12월 14일).
2 두산백과(2018년 12월 14일 검색).
3 미국 국가전략연구소(CSIS) 발표 자료, 2018년 10월.
4 태국 남부의 크라 지협을 관통하는 운하 건설 계획(위키백과).
5 북극항로는 동북아시아에서 러시아 연안을 통과해 북유럽으로 가는 북동항로와 북미에서 캐나다 연안을 통과해 대서양의 북미 동안으로 가는 북서항로로 구분된다.
6 Lee, S-W., Song, J-M, "Economic Possibilities of Shipping through NSR," The Asian Journal of Shipping and Logistics, Vol.30, No.3. pp.415~417, 2014. 9.
7 Lee, S-W., Song, J-M, 위의 책, p.418.
8 북극해의 갑작스러운 온난화로 인해 빙하가 녹고, 녹은 빙하의 작은 얼음덩어리들이 고속 해류를 따라 뭉쳐서 빠르게 움직이는 현상. 이로 인해 운항 선박에 큰 충격을 주어 북극해 통과 선박의 사고 40퍼센트 이상이 이 해류와 관계가 있다(Yevgeny A., et al., On the future navigability of Arctic sea routes, Marine Policy, Vol.75, 2017, p.313의 내용을 수정, 인용함).
9 세계해사기구(IMO)에서 2017년 1월 극지 환경을 보호하기 위해 발효한 극지방 선박의 운항에 대한 규정. 선박 검사, 정보 제공 의무, 안전 및 환경 규정, 교육 훈련 요건 등이 담겨 있다(http://www.imo.org/en/MediaCentre/HotTopics/polar/Pages/default.aspx의 내용 수정 인용함, 검색일: 2020년 6월 20일).
10 이성규, 〈친환경 선박으로 온실가스 줄인다〉, 《사이언스타임즈》, 2019년 6월 14일 자. 이 기사에 실린 '국제해사기구(IMO)의 IMO-DCS(Data Collecting System) 규제' 내용을 수정, 재인용했다.

4 세계가 변했다, 물류가 달라졌다

1. 라틴어의 모든 것을 뜻하는 '옴니(omni)'와 제품의 유통 경로를 의미하는 '채널(channel)'의 합성어로 소비자가 온라인, 오프라인, 모바일 등 다양한 경로를 넘나들며 상품을 검색하고 구매할 수 있도록 한 서비스다(에듀윌 시사상식).
2. 〈JIT(Just-in-time)〉, 《매경닷컴》(검색일: 2020년 1월 20일).
3. 〈도요타 생산 방식과 노사 협력의 원류〉, 이우광, 《도요타: 존경받는 국민 기업이 되는 길》, 살림출판사, 2009.
4. 규격화된 갈색 상자에 가구를 쪼개 넣어 화물차나 창고에 차곡차곡 쌓아 운송 혹은 보관할 수 있는 방식으로 공간 활용률을 획기적으로 높인 포장 방식(https://www.ikea.com/kr/ko/this-is-ikea/about-us/ikea-pubad29a981, 검색일: 2020년 6월 23일).
5. 클라이브 해밀턴 저, 김홍식 역, 《성장숭배(Growth Fetish)》, 바오, 2011, 12~13쪽.
6. '다시 되돌아오는 경향', '회복력', '탄성' 등으로 해석할 수 있으며, 물류에서 예상하지 못한 상황이 발생할 때 대체 물류 루트나 대체 소싱 혹은 판매 기업 연결 등 상황에 대처하는 능력을 의미한다.
7. 대기업 계열 2자 물류 기업들이 모기업의 화물을 기반으로 물류업에만 종사하는 3자 물류 기업 시장으로 진출하는 것을 방지하는 내용.
8. 과거 CJ그룹의 대한통운 인수, 포스코의 물류 기업 인수 참여 등 대기업이 자체 화물을 기반으로 전문(3자) 물류업에 참여하고자 하는 행위.
9. 우리나라의 공항공사, 항만공사 등이 규모 확대와 글로벌 경쟁력 확보를 위해 해외시장에 진출하고자 노력을 기울이는 반면, 정부는 '공공기관의 운영에 관한 법률' 등을 통해 국내 사업에만 집중하라는 간접적인 제한 조치.
10. 산업통상자원부, 〈산업부 유통산업 혁신에 170억 원 신규 투자〉, 보도자료, 2017년 12월 8일.
11. 사업에서 거래와 계약에 대한 기록 체계를 지칭한다. 즉 원장은 유형, 무형 자산의 소유권 이전과 이전을 위한 조건(계약 정보)을 포함하는 정보다(오세현·김종승, 《블록체인노믹스》, 한국경제신문, 2017, 27쪽).
12. 오세현·김종승, 위의 책, 26쪽.
13. 오세현·김종승, 위의 책, 37쪽.
14. 오세현·김종승, 위의 책, 47쪽.
15. CICC, 〈證券研究報告: 煙台冰輪〉, 2014년 6월.

16 오세현·김종승, 앞의 책, 144쪽.
17 블랙 프라이데이는 미국의 추수감사절인 11월 마지막 목요일 다음 날인 금요일을 말한다. 전통적으로 1년 중 가장 큰 폭의 세일이 시작되는 날이다. 광군제는 중국에서 최대의 할인 행사가 열리는 날을 말하며, 11월 11일이다. 원래는 싱글을 위한 날이었으나, 지금은 미국의 블랙 프라이데이와 비슷한 최고의 쇼핑일로 여겨진다. 2018년에는 11일 하루 매출이 34조 7000억 원에 육박했고, 매년 전년 기록을 경신하고 있다.
18 The State of Ecommerce Order Fulfillment & Shipping, 2017. 9., www.eFulfillmentService.com.
19 McKinsey & Company, IPC 2019, March 2019.
20 카페리는 자동차, 트럭이 직접 구동하여 배에 실리고 내리는 형태의 선박으로, 여객과 화물을 동시에 수송하는 복합물류 수송 수단이다. 우리나라 부산과 일본 시모노세키, 인천과 중국 칭다오, 톈진, 다롄 등을 주로 오가는 형태의 국제선과 인천(목포)과 제주를 연결하는 국내선 등이 있다.
21 온라인 거래에 대응하기 위해 상품의 입고, 보관, 출고되기까지 전 과정을 관리하면서 고객의 주문, 포장 및 배송에 이르는 신속하고 정확한 대응을 포괄하는 형태의 물류센터를 지칭한다. 아마존 풀필먼트 물류센터가 대표적인 사례다.
22 Marc Levinson, The Box, Princeton university press, 2016, p.1.
23 Marc Levinson, 위의 책, p.247.
24 여러 공급자를 순회하여 자재를 다루고 운송하는 방식. 우유 회사가 축산 농가를 돌면서 우유를 거두어들인 데서 유래하여 밀크 런이라 지칭하게 됐다(우리말샘, 검색일: 2020년 7월 20일).
25 화물차의 동력 부분인 트랙터를 제외하고 무동력 부분(트레일러)이 국가 간 상호 주행하는 것. 컨테이너의 항만 하역 단계를 생략해서 비용과 시간을 절약하는 효과가 있으며, 현재 한중, 한일 간에 이용되고 있다.
26 〈글로벌 공급망 지역화가 대세… 한·일, 갈등 탓 혜택 못 누려〉,《중앙선데이》, 2019년 7월 20일.
27 《중앙선데이》 645호, 12면, 2019년 7월 20일.
28 사우디가 석유 판매로 벌어들인 페트로달러(오일달러)로 미 국채를 사주면 미국은 사우디 왕조에 군사 장비를 파는 등 외교·정치적으로 후원하는 것을 담은 협약. 미국은 당시 베트남전쟁 수행 비용과 당시 국제 통화 질서인 브레턴우즈체계 붕괴로 발생한 엄청난 경제난을 크게 완화하며 '신(新)브레턴우즈체제'를 완성하고 달러를

그대로 기축통화로 사용할 수 있게 했다(HYPERLINK "https://www.sedaily.com/NewsView/1KYT9SVJBM(2020년"https://www.sedaily.com/NewsView/1KYT9SVJBM의 내용을 저자가 수정, 인용함. 검색일: 2020년 7월 1일).

29 중동 산유국이 아시아 국가가 수입하는 원유 혹은 LNG에 대해 유럽과 북미에 수출하는 가격보다 단위당 1~2달러 높은 가격을 책정하는 관행. 중동 원유 의존도가 높고 아시아 지역의 에너지 현물시장이 발달돼 있지 않은 것이 프리미엄 형성의 주된 요인이다. 최근 한·중·일 3국의 에너지 자원 구매량이 많아지고 원유와 LNG 가격 폭락, 미국과 러시아 등 신규 공급처 등장 등으로 그 영향력이 점차 약해지고 있다.

30 김연규, 〈변화하는 '미국 주도 패권 질서' 동북아에 기회인가, 위기인가 – 중동의 전략적 가치 하락과 동북아 패권 구도 재편 이미 시작됐다〉, 여시재 블로그, 2019년 5월 3일. www.yeosijae.org/posts/607(검색일: 2019년 5월 14일), 수정 후 인용함.

31 김연규, 위의 글.

32 미얀마 북부 리카인주에 있는 항만. 이곳에서 중국 쿤밍까지 송유관, 철도, 도로를 연결하는 대규모 사업이 추진 중이다.

33 중국의 카스와 도로, 철도로 연결되는 물류 거점. 중국의 중동 진출을 위한 새로운 물류 루트로, 일대일로 정책의 대표적인 사업이다.

34 코로나19(코로나바이러스감염증-19)로 인한 중국 폭스콘 공장 폐쇄로 생산이 중단되고 재가동 후에도 중국 다른 지역의 부품 조달 문제로 신제품 출시가 한 달 이상 지연됐다.

35 해외에 나가 있는 자국 기업을 각종 세제 혜택과 규제 완화 등을 통해 자국으로 불러들이는 정책. 싼 인건비나 판매 시장을 찾아 해외로 생산기지를 옮기는 오프쇼링(off-shoring)의 반대 개념이다(한경경제용어사전, 검색일: 2020년 7월 20일).

36 근거리 아웃소싱. 본국으로 이전하는 리쇼링이 어렵다고 판단되면 인접 국가로부터 아웃소싱하는 개념이다(매일경제용어사전, 검색일: 2020년 7월 20일).

37 코로나19 이후 세계 경제 지형에 단층이 형성될 것이고 생필품 제조업은 국산화 바람이 거세질 가능성이 크다. 첨단 기술 분야는 글로벌화가 계속 이어질 수밖에 없으며, 한국은 기술 경쟁력과 사회적 신뢰성을 갖춘 나라 가운데 하나로, 글로벌 기업 경영자가 믿고 생산을 맡길 만한 곳이 됐다. 〈코로나 이후 한국은 '첨단 제품 세계 공장'이 된다〉, 《중앙일보》, 2020년 4월 20일 자.

38 삼성과 애플의 최신 연차 보고서를 활용, 저자가 글로벌 입지를 재구성함.

5 미래를 여는, 물류

1. C중유라고도 하며, 대형 보일러, 대형 저속 디젤기관 등의 연료로 예열(豫熱) 보온 설비가 갖추어진 연소 장치에 쓰인다. 우리나라에서는 중유 가운데 가장 많이 소비되며, 선박용 기관 형식(터빈기관·디젤기관)과 종류에 따라서 최적점도(最適粘度)가 다르기 때문에 국제적으로도 점도 범위에 따른(50℃ 점도) 품질 구분이 이루어지고 있다. 중유는 원유를 분별 증류해서 가솔린·석유·경유 등을 뺀 잔유(殘油)와 중질경유(重質輕油)를 섞어서 만든 것인데, 이를 용도에 따라 A중유·B중유·C중유로 나눈다. A·B·C의 순서에 따라 점도가 점점 높아지고 유황분도 많아지는데, 대량 소비되는 C중유는 도시 공해 등의 문제 때문에 유황 함유량을 제한하고 있다(두산백과, 검색일: 2019년 1월 10일).
2. Nature, 홈페이지(검색일: 2016년 2월 17일).
3. 유황 성분이 1퍼센트 이하인 원유를 말한다. 주로 아프리카와 미국산에 저유황유가 많고, 중동산은 고유황유가 많다. 유황 함유량이 많으면 대기 오염의 주요 원인이 된다. 선박에 사용하는 저유황유의 황 함유량 상한선은 현재 3.5퍼센트인데, 0.5퍼센트로 그 기준이 일반 수준보다 매우 강화됐다(외교통상용어사전 내용 수정 편집, 검색일: 2019년 1월 9일).
4. https://secure.marinavi.com/news/file/FileNumber/104549(검색일: 2018년 11월 29일); KMI 월간 동향, 2018년 12월, 재인용.
5. 액체를 이용해 가스 속에 부유하는 고체 또는 액체 입자를 잡아서 걸러내는 장치. 선박에 사용되는 고유황유에서 발생하는 유해물질을 걸러낸다. 그러나 이 장치를 통해 걸러지는 오염물질을 처리하는 과정에서 2차 수질 오염 등이 발생할 수 있다(화학대사전 내용 수정 편집, 검색일: 2019년 1월 9일).
6. 특정 항만, 특정 연안 지역에 환경오염을 유발하는 선박의 출입을 규제하는 제도. 대상 지역에서 기준을 정하는 연료 혹은 그에 상응하는 대기오염 발생 정도를 충족할 때에만 선박 입항을 허락한다. 유럽은 IMO에서 인정한 ECA를, 중국은 자체 기준에 따라 ECA를 운용한다.
7. 국립환경과학원,《2014년 대기환경연보》, 2014.
8. 배기가스 후처리 장치(Diesel Particulate Filter). 디젤엔진의 배기가스 중 입자상물질(PM)을 물리적으로 포집하고 연소시켜 제거하는 배기 후처리 장치의 일종이다(지식경제용어사전, 검색일: 2019년 1월 15일).
9. 경상도 지방의 세곡(稅穀)은 상주 낙동나루에 집산돼 노새에 실어 육로로 문경새재를 넘어 청주의 목계나루까지 운반됐다. 여기서 다시 한강을 통해 운반돼 마포 혹은 서강의

광흥창에 이르러 보관됐다.
10 실제로는 세곡을 받아서 보관해두었다가 관료의 임금으로 지불하는 기능을 주로 했다.
11 박은숙,《시장의 역사》, 역사비평사, 2008.
12 이성우, 〈미세먼지, 우리가 만든 부메랑〉,《물류와 경영》, 코리아쉬핑가제트, 2019년 4월 9일.
13 'Not In My Backyard'의 약자로, 시설이 들어설 때 미치는 여러 가지 위해 요인으로 인해 자신의 집 혹은 지역에 그 시설이 들어서는 것을 꺼리는 현상.
14 2012년 5월부터 2019년 5월까지 화물 처리 실적은 478만 톤으로, 최초 계획량의 8.4퍼센트 수준에 불과했다(한국수자원공사, 내부 자료, 2019년 6월).
15 민경태,《서울, 평양, 스마트 시티》, 미래의 창, 2018, 32쪽.
16 민경태, 앞의 책, 33~38쪽의 내용을 필자가 재수정해 인용함.
17 제4차 동방포럼(2018년 9월 11~13일)의 '남·북·러 특별 세션'에서 우리 정부의 발표자인 이성우 한국해양수산개발원 박사가 우리나라의 기재부, 국토부 차관, 북한의 철도성 부상, 러시아의 외교부 차관 등이 참석한 가운데 '동북아 평화협력 클러스터'라는 주제로 발표한 내용이다. 당시 한국, 북한, 러시아의 합의를 통해 공동 추진 방안을 모색하기로 했다.
18 세계적으로 통용되는 철도의 궤도는 크게 광궤, 표준궤, 협궤로 구분이 가능하다. 광궤는 궤도의 폭이 1520밀리미터로 주로 러시아나 CIS 국가에서, 표준궤는 폭 1435밀리미터로 우리나라, 중국, 미국, 서유럽 국가에서, 협궤는 폭 1000밀리미터로 동남아시아, 브라질, 아프리카 일부 국가에서 주로 사용한다(위키백과사전 기반 저자 수정, 재작성, 검색일: 2020년 7월 20일).
19 철도 차량용 대차(truck)는 차륜·차축을 보관, 유지하여 차체의 중량을 차축에 전달하는 것과 동시에 주행·제동 기능을 갖춘 기구를 말한다. 일반적으로 2축이 이용된다.
20 한진해운,《한진해운 60년사》, 2010, 37~41쪽.
21 한진해운,《한진해운 60년사》, 2010, 43쪽.
22 한국선주협회,《한국해운 60년사》, 2007, 322~323쪽.
23 한진해운, 앞의 책, 2010, 94쪽.
24 한진해운은 1977년 5월 대진해운과 (주)한진의 결합으로 탄생했다.
25 현대상선은 아세아상선이라는 이름으로 1976년 3월 설립됐고, 1983년 현대상선(주)으로 상호를 변경했다. 이후 동해상선(주), 신한해운(주)을 합병했다. 현재 사명은 HMM.
26 1985년 9월 22일, 미국 뉴욕 플라자 호텔에서 G5의 재무장관들이 모여 외환시장 개입에 의한 달러화 강세를 시정하도록 결의한 조치(시사상식사전, 검색일: 2020년 7월 20일).

27 한국선주협회, 앞의 책, 2007, 800쪽.
28 한국해양수산개발원, Measures to recover from the current recession and prevent repeated crisis of the Korean Shipping Industry, 2009. 12., p.3.
29 한국선주협회, 앞의 책, 2007, 800~802쪽.
30 한진해운, 앞의 책, 2010, 269~270쪽.
31 한국선주협회, 앞의 책, 2007, 948~949쪽.
32 한진해운, 앞의 책, 2010, 262~265쪽.
33 한국선주협회, 앞의 책, 2007, 1068쪽.
34 한국해양수산개발원, 앞의 책, 2009. 12., 33쪽.
35 한진해운, 앞의 책, 2010, 310쪽.
36 한국해양수산개발원, A Research on Overcoming Recessions of Shipping Industry and Prevention, 2009, pp.32~35.
37 〈한진해운의 법정관리와 영향〉,《월간 해양한국》, 2016, 40~46쪽.
38 한국해양수산개발원, 앞의 책, 2009. 12., 36~38쪽.
39 한국선주협회,《해운산업의 위기 대응 방안》, 2015, 18~20쪽.